我们的法治观念

中共福建省委宣传部　中共福建省委政法委员会
中共福建省委讲师团　福建省司法厅 编

编委会

主　任：张　萍
副主任：詹昌建　肖贵新　庄天从
成　员：陈　璇　游炎灿　黄克锒
　　　　吴　鸣　蔡　忠　黄丽云
　　　　陈　铭　黄兴华

天津出版传媒集团
天津人民出版社

图书在版编目（CIP）数据

我们的法治观念 / 中共福建省委宣传部等编. -- 天津：
天津人民出版社，2015.9
ISBN 978-7-201-09681-0

Ⅰ. ①我… Ⅱ. ①中… Ⅲ. ①社会主义法制－建设－
研究－中国 Ⅳ. ①D920.0

中国版本图书馆CIP数据核字(2015)第221548号

我们的法治观念
WOMEN DE FAZHI GUANNIAN

中共福建省委宣传部　中共福建省委政法委员会
中共福建省委讲师团　福建省司法厅　编

天津人民出版社出版

出版人　黄沛

（天津市西康路35号　邮政编码：300051）

邮购部电话：(022) 23332469

网址：http://www.tjrmcbs.com

电子邮箱：tjrmcbs@126.com

福建省天一屏山印务有限公司印刷　新华书店经销

2015年12月第1版　　2015年12月第1次印刷
787×1092毫米　　16开　　13.5印张
字数：172千字
定价：46.00元

前言

　　法律是治国之重器，法治是国家治理体系和治理能力的重要依托。社会主义现代化建设，离不开法治的引领和规范；中华民族的伟大复兴，离不开法治的保障和支撑。

　　奉法者强则国强；奉法者弱则国弱。近代以来，中国一代代仁人志士为实现国家的繁荣富强，对厉行法治进行过多次探索。然而，从康有为、梁启超领导的戊戌变法失败，到孙中山领导下制定的《中华民国临时约法》被废除……法治未曾在中国得到践行。中华人民共和国成立后，从1954年制定新中国第一部宪法，到改革开放后重启"法律之门"；从十五大确立依法治国基本方略，到中国特色社会主义法律体系形成，中国共产党带领全国人民走上一条具有中国特色社会主义的法治道路。

　　党的十八届四中全会立足我国社会主义法治建设实际，直面我国法治建设领域的突出问题，明确提出了全面推进依法治国的指导思想、总目标、基本原则，提出了关于依法治国的一系列新观点、新举措，回答了党的领导和依法治国的关系等一系列重大理论和实践问题，对科学立法、严格执法、公正司法、全民守法、法治队伍建设、加强和改进党对全面推进依法治国的领导作出了全面部署。这是中国共产党依法治国的宣言，是建设社会主义法治国家的一座新的里程碑，吹响了全面推进依法治国的号角。

为帮助读者更好地理解掌握、学习贯彻党的十八届四中全会精神，我们编写了这本法治观念读本。在书中穿插了要论、文摘、漫评、践行、名言、先锋模范、图说、与法同行、以案释法、史话等栏目，同时辅以漫画、图片、法律案例、人物故事等大家喜闻乐见的深度阅读、延伸阅读形式。对法治中国、法治福建建设的主要任务、重大举措进行深入浅出的解读，增强了本书的可读性和趣味性。希望本书能够成为一本广大干部群众学法的通俗读物。

法律的权威源自人民的内心拥护和真诚信仰。真正行之有效的法律既不是铭刻在大理石上，也不是铭刻在铜表上，而是铭刻在公民的内心里。让我们行动起来，积极投身全面推进依法治国的伟大实践，努力成为社会主义法治的忠实崇尚者、自觉遵守者、坚定捍卫者，为建设法治中国而不懈奋斗！

CONTENTS
目　录

二、进程成就

三、科学立法

四、严格执法

五、公正司法

六、全民守法

七、队伍建设 党的领导

一·意义内涵

党的十八届四中全会审议通过《中共中央关于全面推进依法治国若干重大问题的决定》的重大意义

　　党的十八届四中全会审议通过的《中共中央关于全面推进依法治国若干重大问题的决定》是我们党历史上第一个关于加强法治建设的专门决定，充分体现党的十八大和十八届三中全会精神，体现习近平总书记系列重要讲话精神，体现全面建成小康社会、全面深化改革、全面推进依法治国、全面从严治党这"四个全面"的逻辑联系，深入回答了全面推进依法治国的一系列重大理论和现实问题，凝聚了全党智慧，反映了人民意志，是指导新形势下全面推进依法治国的纲领性文件，是一篇充满着马克思主义光辉的历史性文献，对于全面建成小康社会，加快实现社会主义现代化，实现中华民族伟大复兴的中国梦，具有重大而深远的意义。

　　依法治国是坚持和发展中国特色社会主义的本质要求和重要保障，是实现国家治理体系和治理能力现代化的必然要求。我们要实现经济发展、政治清明、文化昌盛、社会公正、生态良好，必须更好发挥法治引领和规范作用。

　　—— 习近平（摘自中央文献研究室编：《习近平关于全面依法治国论述摘编》，中央文献出版社2015年版，第4-5页）

图说

图解依法治国进程

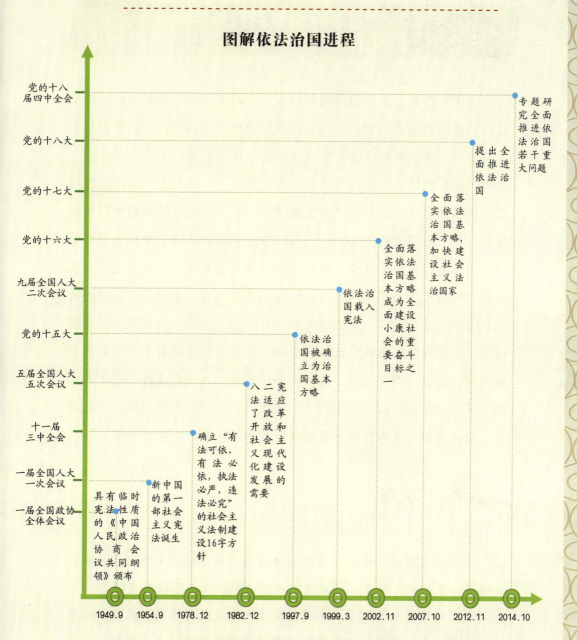

党的十八届四中全会 —— 专究题推进法全面依若法大治问国题研重

党的十八大 —— 提出全面推进依法治国

党的十七大 —— 全面落实依法治国基本方略，加快建设社会主义法治国家

党的十六大 —— 全面落实依法治国基本方略成为建设全面小康社会的重要目标之一

九届全国人大二次会议 —— 依法治国载入宪法

党的十五大 —— 依法治国被确立为治国基本方略

五届全国人大五次会议 —— 宪法适应改革开放和社会主义现代化建设发展需要

八二宪法了

十一届三中全会 —— 确立"有法可依，有法必依，执法必严，违法必究"的社会主义法制建设16字方针

一届全国人大一次会议 —— 新中国第一部社会主义宪法诞生

一届全国政协全体会议 —— 具有临时宪法性质的《中国人民政治协商会议共同纲领》颁布

1949.9　1954.9　1978.12　1982.12　1997.9　1999.3　2002.11　2007.10　2012.11　2014.10

—— 根据《依法治国七讲》（人民出版社·2014年11月出版）第6页整理

全面推进依法治国是深刻总结我国社会主义法治建设成功经验和深刻教训作出的重大抉择

　　中国共产党对依法治国问题的认识，经历了一个不断深化的历史过程。新中国成立初期，我们党在废除旧法统的同时，抓紧建设社会主义法治，初步奠定了社会主义法治的基础。后来，党在指导思想上出现"左"的错误，逐渐对法制不那么重视了，使得我国的法治建设走了很长的弯路，特别是"文化大革命"十年内乱使法制遭到严重破坏，付出了沉重代价。党的十一届三中全会以来，我们党深刻总结社会主义法治建设经验教训，把依法治国确定为党领导人民治理国家的基本方略，把法治确定为党治国理政的基本方式，走出了一条中国特色社会主义法治道路，为改革开放和社会主义现代化建设提供了重要保障。经验和教训使我们深刻认识到，法治是治国理政不可或缺的重要手段。法治兴则国家兴，法治衰则国家乱。我们党要在13亿多人口的大国长期执政，保证国家统一，实现经济发展、政治清明、文化昌盛、社会公正、生态良好，必须坚定不移厉行法治、依法治国。

文摘

　　从法系上来说，今天说中国的法治是什么，它是大陆法系的吗？是英美法系的吗？不是。它是旗帜鲜明的社会主义意识形态法治。

　　中国的事情中国人办，中国的法治一定是充分吸纳全人类法治营养、法治要素，又充分体现中国的国情、中国的传统历史文化，在这个基础上，我们凝结浓缩成为法治中国。

——冯玉军《中国法治建设的几个特征》（摘编自《北京日报》·2014年11月3日第21版）

党的十八届四中全会全面推进依法治国

——图片来源：新华网·2014年10月21日，徐骏/画

全面推进依法治国是全面建成小康社会和全面深化改革开放的重要保障

当前，我国全面建成小康社会已进入决定性阶段，全面深化改革进入攻坚期和深水区。我们面对的改革发展稳定任务之重前所未有，面对的矛盾风险挑战之多前所未有，人民群众对法治的期盼和要求之高也前所未有，依法治国在党和国家工作全局中的地位更加突出、作用更加重大。总体上看，我国改革发展稳定形势是好的，但发展中不平衡、不协调、不可持续的问题依然突出，人民内部矛盾和其他社会矛盾凸显，党风政风也存在一些不容忽视的问题，其中大量矛盾和问题与有法不依、执法不严、违法不究相关。市场经济应该是法治经济，和谐社会应该是法治社会。要解决经济、社会、民生领域存在的突出问题，杜绝公器私用、以权谋私、贪赃枉法等现象，消除形式主义、官僚主义、享乐主义和奢靡之风，反对特权现象、惩治消极腐败现象等，从根本上讲，还得靠法治，靠全面推进依法治国。我们必须把法治建设摆在更加突出的位置，坚持在法治轨道上统筹社会力量、平衡社会利益、调节社会关系、规范社会行为，确保我国社会在深刻变革中既焕发勃勃生机又运行井然有序。

全国公安机关依法严厉打击食品药品犯罪

民以食为天，食以安为先。食品药品安全关系千家万户、亿万群众的身体健康和生命安全，历来是百姓最关注的民生问题。群众的期待就是公安机关努力的方向，他们严厉打击食品药品犯罪，保护百姓"舌尖上的安全"。

山东省滕州市警方接到群众对当地一家饭店的举报线索，称这家饭店白天大门紧闭，夜里恶臭不断。据此线索，警方一举破获一起涉及7省市的特大制售"毒腐竹"案件。

案件查实，这家名为"真滋味"的饭店实际上是生产非法食品添加物的黑窝点。警方从其生产的产品中检测出致癌物质——硼砂。据犯罪嫌疑人沙某交代，为牟取暴利，其利用硼砂、焦亚硫酸钠和乌洛托品3种化学原料调配出一种非法食品添加剂，并销往山东、河南等地的腐竹加工厂，被制成"毒腐竹"流向百姓的餐桌。

案情上报后，在公安部统一指挥下，多地公安机关合力出击，一举破获这起涉及山东、河南、湖北、河北等7省市的特大制售"毒腐竹"案件，查扣有毒有害食品添加物105吨、"毒腐竹"3.3万余斤，涉案金额5000余万元。

此案的侦破正是公安机关依法严厉打击食品安全犯罪、守护百姓餐桌安全的有力缩影。仅2013年，在公安部指挥下，全国公安机关侦破如"10·24"制售病死猪肉案、"10·22"制售假冒食用碘盐案、"8·16"跨国制售假药案、"8·29"注射假狂犬病疫苗致人死亡案等食品药品案件共2.1万起，抓获犯罪嫌疑人近3万名，有力打击了食品药品犯罪分子的嚣张气焰，回应了百姓关切，保证了百姓的餐桌及药物安全。

——摘编自中国警察网·2015年1月7日

全面推进依法治国是着眼于实现中华民族伟大复兴中国梦、保证党和国家长治久安的长远考虑

　　对全面推进依法治国作出部署，既是立足于解决我国改革发展稳定中的矛盾和问题的现实考量，也是着眼于长远的战略谋划。到2020年顺利实现全面建成小康社会目标之后，如何确保我们党实现长期执政、领导全国人民朝着新的奋斗目标前进，保证经济社会持续健康发展，实现党和国家长治久安，实现"两个一百年"奋斗目标和中华民族伟大复兴的中国梦，这些都是需要我们深入思考并回答的重大问题。治理一个国家、一个社会，关键是立规矩、讲规矩、守规矩。法律是治国理政最大、最重要的规矩。法治和人治的关系历来是人类政治文明史上的一个基本问题，也是各国在实现现代化过程中必须面对和解决的一个重大问题。纵观世界近代史，凡是顺利实现现代化的国家，没有一个不是较好解决了法治和人治问题的。相反，一些国家虽然也一度实现了快速发展，最终却出现经济社会发展停滞甚至倒退的局面，这种情况很大程度上与法治不彰有关。在世界社会主义发展史上，不少国家都没能解决好法治和人治问题。苏联解体和东欧剧变，很重要的一个原因也是没有解决好法治和人治问题，没有跳出"人存政举、人亡政息"的人治怪圈。历史和实践都告诫我们，为子孙万代计、为长远发展谋，推进国家治理体系和治理能力现代化，必须坚定不移厉行法治，全面推进依法治国，为党和国家事业发展提供根本性、全局性、长期性的制度保障。

历史是最好的老师。经验和教训使我们党深刻认识到，法治是治国理政不可或缺的重要手段。法治兴则国家兴，法治衰则国家乱。什么时候重视法治、法治昌明，什么时候就国泰民安；什么时候忽视法治、法治松弛，什么时候就国乱民怨。法律是什么？最形象的说法就是准绳。用法律的准绳去衡量、规范、引导社会生活，这就是法治。

—— 习近平（摘自中央文献研究室编：《习近平关于全面依法治国论述摘编》，中央文献出版社2015年版，第8-9页）

—— · 名　言 · ——

自古乱亡之国，必先坏其法制，而后乱从之。

—— 欧阳修（宋）

法者，国仰以安也；顺则治，逆则乱，甚乱者夭。

—— 宋祁（宋）

全面推进依法治国的总目标

　　全面推进依法治国的总目标是建设中国特色社会主义法治体系，建设社会主义法治国家。这就是，在中国共产党领导下，坚持中国特色社会主义制度，贯彻中国特色社会主义法治理论，形成完备的法律规范体系、高效的法治实施体系、严密的法治监督体系、有力的法治保障体系，形成完善的党内法规体系，坚持依法治国、依法执政、依法行政共同推进，坚持法治国家、法治政府、法治社会一体建设，实现科学立法、严格执法、公正司法、全民守法，促进国家治理体系和治理能力现代化。

　　党中央决定全面推进依法治国，是基于以下基本考虑：

　　★全面推进依法治国，是落实党的十八大和十八届三中全会确立的目标任务的现实要求；

　　★全面推进依法治国，是推动经济社会持续健康发展、促进社会公平正义的根本要求；

　　★坚持党的领导、人民当家作主、依法治国有机统一，需要从全局的高度作出总体部署；

　　★面对人民对加强社会主义法治的期待，必须高举依法治国大旗，确保法治建设正确方向。

　　—— 习近平（摘自新华网2014年10月29日《厉行法治的航标 依法治国的宣言》）

民族复兴的法治蓝图

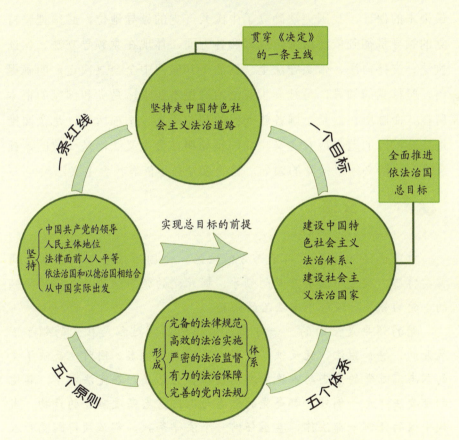

　　党的十八届四中全会通过的《中共中央关于全面推进依法治国若干重大问题的决定》，勾勒出"中国梦"的法治经纬线，是法治建设具体实现路径和执行举措的"施工蓝图"。

——摘编自中国文明网·2014年10月29日

11

全面推进依法治国必须坚持中国共产党的领导

　　党的领导是中国特色社会主义最本质的特征，是社会主义法治最根本的保证。我国宪法确立了中国共产党的领导地位，必须把坚持党的领导贯彻到依法治国全过程和各方面，体现在党领导立法、保证执法、支持司法、带头守法上。党的十八届四中全会《决定》明确提出，坚持党的领导，是社会主义法治的根本要求，是党和国家的根本所在、命脉所在，是全国各族人民的利益所系、幸福所系，是全面推进依法治国的题中应有之义。党的领导和社会主义法治是一致的，社会主义法治必须坚持党的领导，党的领导必须依靠社会主义法治。

文摘

　　中国的法治当然不同于西方的法治。中国法治异于西方法治的首要特质，就是中国共产党的领导，撇开党的领导谈法治是不得要领的，党的领导是理解中国法治的钥匙。

　　党的领导是全面的。一方面，法律的创制过程是在党的领导下展开的。譬如宪法，既反映了全国人民的共同意志，同时也反映了党的意志，是党的意志与人民意志高度融合的结晶。在宪法之下，其他的重要法律无一例外，都是党的意志与人民意志高度融合的产物。当代中国的任何一部法律，甚至任何一个法律条款，都必须得到党和人民的一致同意，才可能成为法律。另一方面，法律的运行过程，无论是行政机关的执法还是法院、检察院的司法，都是在党的领导下展开的。换言之，党是中国法治的塑造者，在法治过程的任何环节，都必须坚持党的领导。这就是中国法治的本质特征。

　　——喻中《四中全会公报评论解读:党的领导是理解中国法治的钥匙》（摘自新华网·2014年11月1日)

全面推进依法治国必须坚持人民主体地位

人民是依法治国的主体和力量源泉，必须坚持法治建设为了人民、依靠人民、造福人民、保护人民，保证人民依法享有广泛的权利

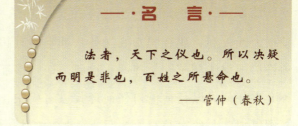

— ·名　言· —

法者，天下之仪也。所以决疑而明是非也，百姓之所悬命也。

——管仲（春秋）

和自由、承担应尽的义务，维护社会公平正义，促进共同富裕。

 践 行

社区管理助力民生法治

2014年11月1日，习近平总书记在福建调研期间，前往福州军门社区了解党建创新推动社会管理工作及居民生活情况。总书记指出，社区虽小，但连着千家万户，做好社区工作十分重要。社区的党组织和党员干部天天同居民群众打交道，要多想想如何让群众生活和办事更方便一些，如何让群众表达诉求的渠道更畅通一些，如何让群众感觉更平安、更幸福一些，真正使千家万户切身感受到党和政府的温暖。社区在全面推进依法治国中具有不可或缺的地位和作用，要通过群众喜闻乐见的形式宣传普及宪法法律，发挥市民公约、乡规民约等基层规范在社会治理中的作用，培育社区居民遵守法律、依法办事的意识和习惯，使大家都成为社会主义法治的忠实崇尚者、自觉遵守者、坚定捍卫者。

——摘编自新华网·2014年11月2日

我们的**法治**观念

全面推进依法治国必须坚持法律面前人人平等

平等是社会主义法律的基本属性。任何组织和个人都必须尊重宪法法律权威，都必须在宪法法律范围内活动，都必须依照宪法法律行使权力或权利、履行职责或义务，都不得有超越宪法法律的特权。必须维护国家法制统一、尊严、权威，切实保证宪法法律有效实施，绝不允许任何人以任何借口任何形式以言代法、以权压法、徇私枉法。必须以规范和约束公权力为重点，加大监督力度，做到有权必有责、用权受监督、违法必追究，坚决纠正有法不依、执法不严、违法不究行为。

 **史 话**

王子犯法与庶民同罪

杨俊是隋文帝的第三子，被封为秦王，并被任命为并州总管。他在任上大兴土木，建造的王府竭尽奢华，超过了法令规定的规格，又放债取息，盘剥百姓。隋文帝得知后，罢了他的官，召还京师居住。大臣们都认为秦王的罪名不过是违反制度，不必如此严厉。隋文帝回应道："法不可违。我是五个儿子的皇帝，还是天下百姓的皇帝！照诸卿的意思，是要为王子们另制定一套法律吗？周公那样伟大的人物仍旧杀了造反的兄弟，我比周公差远了，怎么能够破坏法律呢？"

14

全面推进依法治国必须坚持依法治国和以德治国相结合

国家和社会治理需要法律和道德共同发挥作用。必须坚持一手抓法治、一手抓德治，大力弘扬社会主义核心价值观，弘扬中华传统美德，培育社会公德、职业道德、家庭美德、个人品德，既重视发挥法律的规范作用，又重视发挥道德的教化作用，以法治体现道德理念、强化法律对道德建设的促进作用，以道德滋养法治精神、强化道德对法治文化的支撑作用，实现法律和道德相辅相成、法治和德治相得益彰。

 践 行

福建开启"构建诚信·惩戒失信"备忘录

福建省建立诚信"红黑名单"制度，把恪守诚信者列入"红名单"，把失信违法者列入"黑名单"，形成荣辱舆论场。自2014年6月由省委文明办、省发改委、省高院等10家单位联合制定的《福建省贯彻落实"构建诚信·惩戒失信"合作备忘录的实施意见》正式出台以来，福建省加大力度推进措施落实到位，目前相关部门已实现失信被执行人名单的推送和接收，并对其联合实施信用惩戒，构筑对失信被执行人的"惩戒之网"，使失信被执行人处处受限，寸步难行。

根据实施意见，福建省明确提出对失信被执行人限制高消费行为和采取其他信用惩戒"六项措施"，主要有禁止乘坐飞机；禁止乘坐列车软卧；在企业登记管理中对失信被执行人为自然人的予以任职限制，不得担任企业的法定代表人、董事、监事、高级管理人员；在省工商系统市场主体信息公示平台中对失信被执行人为市场主体的予以公示其名单信息；对失信被执行人在贷款办理、信用卡申办等方面予以限制；失信被执行人为单位的，在政府采购、招标投标、项目审批等方面予以限制。

福建省高院提供的数字显示，截至2014年8月18日，福建省已有81944名失信被执行人通过最高人民法院失信被执行人名单库向社会公布，占全国法院失信被执行人名单库总数的35.87%，为全国最多。同时，也有6298名"老赖"迫于失信公示威慑，主动履行还款义务，使案件得到有效执结。

福建省将加大力度进一步推进信用体系建设，完善信用信息基础数据库，逐步实现信息全覆盖、跨领域联享、信用联评、失信联惩工作局面。同时，加大失信行为突出问题重点治理，联合相关职能部门对食品药品违法违纪、非法传销、金融信用缺乏、环境污染、电话和网络诈骗、网络谣言等失信易发多发的行业领域和诚信热点问题开展专项行动，进行集中整治。

——摘编自《福州晚报》2014年8月20日A4版

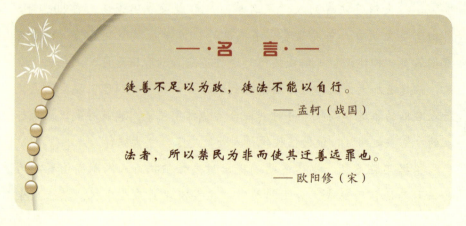

— ·名　言· —

徒善不足以为政，徒法不能以自行。

——孟轲（战国）

法者，所以禁民为非而使其迁善远罪也。

——欧阳修（宋）

全面推进依法治国必须坚持从中国实际出发

中国特色社会主义道路、理论体系、制度是全面推进依法治国的根本遵循。必须从我国基本国情出发，同改革开放不断深化相适应，总结和运用党领导人民实行法治的成功经验，围绕社会主义法治建设重大理论和实践问题，推进法治理论创新，发展符合中国实际、具有中国特色、体现社会发展规律的社会主义法治理论，为依法治国提供理论指导和学理支撑。汲取中华法律文化精华，借鉴国外法治有益经验，但决不照搬外国法治理念和模式。

文摘

从中国实际出发推进依法治国，体现了中国特色社会主义法治道路的理论逻辑、历史逻辑和实践逻辑的辩证统一，是全面推进法治国家建设中必须一以贯之的重要原则。

从中国实际出发，就要明确我们面临的实际是什么。当前我们面临的最大实际，就是我国处于并将长期处于社会主义初级阶段的基本国情，就是改革进入攻坚期和深水区的重大考验，就是实现"两个一百年"奋斗目标和中华民族伟大复兴中国梦的光荣任务。

要做到从中国实际出发，就要增强理论自信和实践自觉，解决认识上"怎么看"和实践中"怎么办"这两个方面的重要问题。

在认识上坚持从中国实际出发，就要重视对当前各种社会思潮的鉴别、批判和引领，推进法治理论创新、理论武装和理论宣传。

在实践中坚持从中国实际出发，就要处理好传承与借鉴的关系，处理好法治体系与国家治理体系的关系，重视道德教化，主张社会和合。

——鲍绍坤《从中国实际出发推进依法治国》（摘编自《求是》2014年第22期）

- -

民生法治

住房、医疗、土地征收、粮食生产、食品药品安全等民生问题牵动着百姓的心，必须依靠法律法规解决这些问题，推进法治中国建设。

——图片来源：新华网·2014年11月3日，勾犇/画

《法治福建建设纲要（2014-2020年）》总体目标

2014年3月31日，福建省委、省政府出台《法治福建建设纲要（2014-2020年）》，《纲要》提出：全面推进福建经济建设、政治建设、文化建设、社会建设和生态文明建设等5个方面的法治化进程，到2020年基本建成"立法更加科学、执法严格高效、司法公正权威、全民守法意识有效提升的法治省份"的法治福建建设总体目标。

贯彻社科普及条例·深化法治福建建设

为进一步学习宣传贯彻党的十八届四中全会精神，全面推进依法治国方略，广泛宣传《福建省社会科学普及条例》。2015年，中共福建省委宣传部、福建省社会科学界联合会以"贯彻社科普及条例·深化法治福建建设"为主题，组织创作了图文并茂的"法治建设"科普挂图。

——材料来源：中共福建省委宣传部

《中共福建省委关于贯彻党的十八届四中全会精神全面推进依法治省的实施意见》的总体要求

全面推进依法治省，必须坚持党的领导、人民当家作主、依法治国的有机统一，切实把党的领导贯穿于依法治省的全过程和各方面；必须坚持把人民作为法治福建建设的主体和力量源泉，切实保障人民根本权益，维护社会公平正义；必须坚持法律面前人人平等，任何组织和个人都必须依照宪法法律行使权力或权利、履行职责或义务，都不得有超越宪法法律的特权；必须坚持法治和德治相结合，实现法律和道德相辅相成、相得益彰；必须坚持从实际出发，坚持改革方向、问题导向，主动认识、适应、引领经济发展新常态，努力推动法治福建建设理论和实践创新。

 践 行

- -

"清朗天空"的"微"服务

"清朗天空"微信号以"感受法治新生态"为自身定位，旨在打造手机上的法治福建宣传展示平台、法治工作队伍交流平台、法治便民利民服务平台。"清朗天空"积极创新宣传形式，实现传播效果"软着陆"；注重突出法治主题，为"法治福建"鼓与呼；及时解读热点，有效引导社会舆论；坚持民生导向，切实惠及民生服务百姓；加强文化宣传，提升政法干警素养。"清朗天空"接受并编发政法干警、专家学者投稿，每日推送最新时政要闻、基层动态、便民说法、前沿观察和法治文化。自定义菜单设置了微精华、微服务和微平台三大栏目。"微服务"链接法律法规速查、公安公众服务、举报投诉和投稿指南等4个页面;"微平台"开设福建长安网、福建政法新媒体矩阵和当下活动的链接等二级栏目。"清朗天空"今年5月20日上线,至11月20日刚好运行半年。半年来,共推送信息894条,日均4.7条,累计阅读人数超过359万人次,转发次数22.63万人次,收藏量9136人次。现有辐射全国32个省(区、市)的粉丝达33.5万人。

——材料来源:中共福建省委政法委员会

建设新福建必须发挥法治的引领和规范作用

当前，福建正加快推进科学发展、跨越发展，努力建设机制活、产业优、百姓富、生态美的新福建。实现这一蓝图就必须更好发挥法治的规范和引领作用。

机制活解决的是发展动力活力的问题。要善于运用法治思维和法治方式，破除妨碍制度创新的体制机制，做到"定好规则再抓牌"。围绕落实好中央一系列支持福建加快发展的政策措施，推进立法与改革决策相衔接，使各项改革于法有据、在法律框架内有序推进。

产业优关系到三次产业协调发展与增强后劲。要进一步健全经济领域法规体系，鼓励公民、法人和其他组织创新创业，充分激发市场主体活力，以法治保障市场在资源配置中起决定性作用。善用法治手段解决好重大项目建设中的土地供应、征地拆迁、资金筹措等问题，把产业发展纳入法治化轨道。

百姓富是加快科学发展跨越发展的根本目的。要坚持以民为本、立法为民的理念，将人民群众的利益转化为法定权利，更好地保障人民群众公平享有就业、教育、医疗、文化、获取劳动报酬等基本权益。完善扶贫开发地方性法规，健全扶贫重大决策、重大项目、重大工程的合法性审查机制，推动精准扶贫长效化。

生态美既是生活质量不可缺少的内容，也是实现可持续发展的重要条件。按照《国务院关于支持福建省深入实施生态省战略加快生态文明先行示范区建设的若干意见》，进一步完善国土空间开发、能源资源节约、资源有偿使用和生态补偿等方面法规和规章制度，推动生态文明建设制度化、法治化。加大生态建设和环境保护领域的立法执法，用法治守护福建的绿水青山。

我们既要绿水青山，也要金山银山。宁要绿水青山，不要金山银山，而且绿水青山就是金山银山。

——习近平（摘自《人民日报》2013年9月8日01版《习近平在哈萨克斯坦纳扎尔巴耶夫大学发表重要演讲：弘扬人民友谊　共同建设"丝绸之路经济带"》）

世界自然文化遗产——武夷山

二 · 进程成就

1950年《婚姻法》，摧毁了延续数千年的旧婚姻制度

1950年4月13日，中央人民政府委员会召开第七次会议，通过了《中华人民共和国婚姻法》，废除包办强迫、男尊女卑、漠视子女利益的封建婚姻制度，实行男女婚姻自由、保护妇女和子女的合法利益的新婚姻制度。这是扫除我国封建旧传统，实现妇女解放的一件大事。该法于1950年5月1日开始实施，是新中国成立后出台的第一部具有基本法性质的法律。《婚姻法》的实施，对保护妇女权益、提高妇女地位、提高婚姻质量等都起到了积极的作用。

图说

印有《婚姻法》的结婚证

 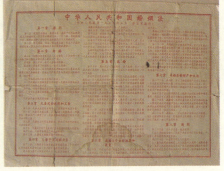

上图为20世纪50年代颁发的结婚证，证上印有新中国第一部《婚姻法》。

——图片来源：民间收藏品存照

1950年《土地改革法》公布施行，推动了全国土改运动全面展开

　　1950年6月30日，毛泽东同志颁布命令，公布施行《中华人民共和国土地改革法》。《土地改革法》规定，土地改革的根本目的是"废除地主阶级封建剥削的土地所有制，实行农民的土地所有制，借以解放农村生产力，发展农业生产，为新中国的工业化开辟道路"。中共中央决定从1950年冬天开始，分期分批地在拥有3.1亿人口的新解放区全面实行土改。各地政府派出大批土改工作团，深入群众，领导土改。至1952年底，土改工作基本完成，3亿无地或少地的农民分得了约7亿亩土地和其他生产资料。

 史 话

土地革命

——图片来源：人民网·2011年6月27日

　　我国封建制度经历了两千多年，其赖以生存的经济基础——地主阶级封建剥削的土地所有制极不合理，"占乡村人口不到10%的地主、富农占据着70%-80%的土地，而占农村人口90%的贫雇农和中农却只占有20%-30%的土地"，导致农村生产力水平低下，农民极端贫困。

　　新中国成立后，建立了统一的人民政权，人民当家作主，迫切需要推翻原有的封建剥削制度，使老百姓拥有自己的土地。土地改革便被提上恢复和发展国民经济的议事日程。

　　1950年6月，中央人民政府委员会通过和颁布了《中华人民共和国土地改革法》。它明确地提出："废除地主阶级封建剥削的土地所有制，实行农民的土地所有制，借以解放农村生产力，发展农业生产，为新中国工业化开辟道路。土地改革的总路线是依靠贫农、雇农，团结中农，中立富农，有步骤、有分别地消灭封建剥削制度，发展农业生产。"

　　《土地改革法》是在总结以往土地改革经验和教训基础上，适应新中国成立后的新形势而确定的新法律，成为指导土地改革的基本法律依据。

　　土地改革任务的完成，使广大农民真正拥有了土地，实现了农民们"耕者有其田"的千年夙愿，不仅解放了农村生产力，调动了农民的生产积极性，促进了农村经济的发展，为整个国民经济的恢复和发展奠定了基础，而且提高了农民的政治觉悟和对共产党的拥护，巩固了工农联盟和人民民主专政，为农业的社会主义改造创造了有利条件。

土地改革中湖南岳阳县策口乡农民烧毁旧地契的场景

——图片来源：新华网·2009年9月6日

1954年《宪法》，新中国的第一部宪法

　　1954年，新中国颁布了第一部《宪法》，《宪法》规定了国家的性质和根本政治制度，公民的权利和义务。它体现了人民民主原则和社会主义原则，代表了广大人民的意志，并以国家根本法的形式，确认了近代100多年来中国人民为反对内外敌人、争取民族独立和人民自由幸福进行的英勇斗争，确认了中国共产党领导中国人民夺取新民主主义革命胜利、中国人民掌握国家权力的历史变革。

我国宪法及其修改

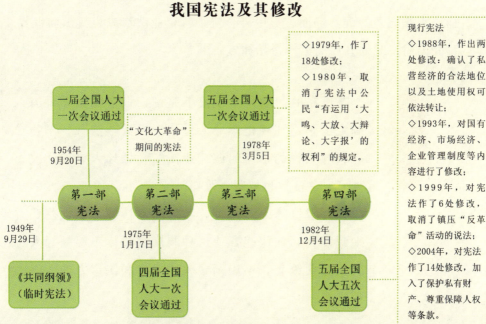

◇1979年，作了18处修改；
◇1980年，取消了宪法中公民"有运用'大鸣、大放、大辩论、大字报'的权利"的规定。

现行宪法
◇1988年，作出两处修改：确认了私营经济的合法地位以及土地使用权可依法转让；
◇1993年，对国有经济、市场经济、企业管理制度等内容进行了修改；
◇1999年，对宪法作了6处修改，取消了镇压"反革命"活动的说法；
◇2004年，对宪法作了14处修改，加入了保护私有财产、尊重保障人权等条款。

一届全国人大一次会议通过
1954年9月20日

"文化大革命"期间的宪法

五届全国人大一次会议通过
1978年3月5日

第一部宪法

第二部宪法
1975年1月17日

第三部宪法

第四部宪法
1982年12月4日

1949年9月29日
《共同纲领》（临时宪法）

四届全国人大一次会议通过

五届全国人大五次会议通过

　　　　　　　　　　——摘编自《依法治国七讲》（人民出版社·2014年11月出版，第32页）

1979年《刑法》《刑事诉讼法》等七部法律的制定，开创了立法工作的新局面

1979年7月1日，党的十一届三中全会驱散了"文革"阴霾，1979年召开的五届全国人大二次会议上，七部意义非凡的法律破茧而出，即《刑法》《刑事诉讼法》《地方各级人民代表大会和地方各级人民政府组织法》《全国人民代表大会和地方各级人民代表大会选举法》《人民法院组织法》《人民检察院组织法》以及《中外合资经营企业法》。这七部法律的制定，标志着新时期的人大工作从立法方面打开了新的局面。其中《刑法》和《刑事诉讼法》的制定，对惩罚犯罪，维护国家和人民的利益有重大作用，结束了"文化大革命"乱抓乱捕、无法无天的混乱局面。《中外合资经营企业法》成为我国向世界打开国门、对外开放的第一份法律宣告书。

现在的问题是法律很不完备，很多法律还没有制定出来。往往把领导人说的话当做"法"，不赞成领导人说的话就叫做"违法"，领导人说的话改变了，"法"也就跟着改变。

为了保障人民民主，必须加强法制。必须使民主制度化、法律化，使这种制度和法律不因领导人的改变而改变，不因领导人的看法和注意力的改变而改变。

—— 邓小平（摘自人民网2004年9月2日《追寻新中国法制建设的脚步》）

刑法修正案(九)实施　再干这些将是犯罪

　　刑法修正案（九）于2015年11月1日起开始实施。一些生活中不以为意的陋习——如幻想用医闹来获利、找人替考、法庭上辱骂法官——可能入罪。今后，有些事不能再做了，不然，"刑法九"可能找上你！

指望医闹获利？这是打错算盘

　　"闹一闹，好处到"——不少患者或家属在医疗纠纷发生后，不是通过走法律渠道解决问题，而是企盼用"医闹"来"绑架"医院。再这样干，你肯定要"吃大亏"，如果是"带头大哥"就更惨了！

　　刑法修正案（九）规定："聚众扰乱社会秩序，情节严重，致使工作、生产、营业和教学、科研、医疗无法进行，造成严重损失的，对首要分子，处3年以上7年以下有期徒刑；对其他积极参加的，处3年以下有期徒刑、拘役、管制或者剥夺政治权利。"

收买妇女儿童？一律追究刑责

　　以往，收买妇女儿童刑法有点管不着，刑法修正案（八）对此的说法是"可以不追究责任"。而"可以"与"应当"在法律规定中是完全不同的概念，后者才具有强制性。刑法修正案（九）把利剑指向了买方市场。

　　修改后的刑法第241条规定："收买被拐卖的妇女、儿童，对被买儿童没有虐待行为，不阻碍对其进行解救的，可以从轻处罚；按照被买妇女的意愿，不阻碍其返回原居住地的，可以从轻或者减轻处罚。"

学渣找学霸替考？害人也会害己

学渣找学霸替考，需要魄力，学霸替人考试，需要勇气和胆量。可在刑法修正案（九）实施后，就不光是"魄力""勇气"和"胆量"的问题了，搞不好，你晚上住的就不是象牙塔，而是牢房了！

刑法第284条新增规定："在法律规定的国家考试中，组织作弊的，处3年以下有期徒刑或者拘役，并处或者单处罚金；情节严重的，处3年以上7年以下有期徒刑，并处罚金。""代替他人或者让他人代替自己参加第一款规定的考试的，处拘役或者管制，并处或者单处罚金。"

法庭辱骂法官？小事也会变大

有些当事人，在法庭上也能做到颐指气使、粗言粗语，今后在法庭上对法官说话，你可要客气点了。修正案（九）将刑法第309条修改为："有下列扰乱法庭秩序情形之一的，处3年以下有期徒刑、拘役、管制或者罚金：（一）聚众哄闹、冲击法庭的；（二）殴打司法工作人员或者诉讼参与人的；（三）侮辱、诽谤、威胁司法工作人员或者诉讼参与人，不听法庭制止，严重扰乱法庭秩序的；（四）有毁坏法庭设施，抢夺、损毁诉讼文书、证据等扰乱法庭秩序行为，情节严重的。"

喜欢收藏图书？先要看清内容

刑法第120条新增了一些内容，包括"明知是宣扬恐怖主义、极端主义的图书、音频视频资料或者其他物品而非法持有，情节严重的，处3年以下有期徒刑、拘役或者管制，并处或者单处罚金。"

赶紧回去翻翻书柜，有上述禁书就赶紧处理吧。

——摘编自《羊城晚报》2015年10月18日A3版

1982年《宪法》的修订，适应了改革开放和社会主义现代化建设发展的需要

　　1982年宪法由"序言"与"总纲""公民的基本权利与义务""国家机构""国旗、国徽、首都"4章组成，共138条。它以1954年宪法为基础，深入总结了新中国成立以来的历史经验，体现了党的十一届三中全会所确立的路线、方针、政策，是党的正确主张和人民共同意志的统一，反映了最广大人民的根本利益，适应了改革开放和社会主义现代化建设发展的需要。1982年宪法颁布实施后，在国家政治、经济、文化和社会生活中发挥着极其重要的作用。

—·名　言·—

　　法者，天下之仪也。所以决疑而明是非也，百姓所县命也。

——管子（战国）

　　立善法于天下，则天下治；立善法于一国，则一国治。

——王安石（北宋）

我们的**法治**观念

践 行

国家宪法日

　　2014年11月1日，第十二届全国人民代表大会常务委员会第十一次会议通过决定，将每年12月4日设立为国家宪法日。宪法是国家的根本大法，具有最高的法律效力，在社会主义法律体系中处于核心的地位。一切法律都是依据宪法制定的，宪法是一切法律的母法。一切法律、行政法规、地方性法规都不得同宪法相抵触。维护法制的权威，首先是维护宪法的权威。国家宪法日的确定体现的是党和国家对依法治国的坚强决心。

——文字摘编自新华网·2014年11月1日，图片来源：新华社，大巢/画

1986年《民法通则》——民事权利宣言

1986年颁布的《民法通则》被海外学者誉为中国的"民事权利宣言"，作为新中国历史上第一部正式颁行的民事基本法，对中国民事立法具有划时代、里程碑式的历史意义。该法为我国民事立法的发展奠定了坚实的基础，在较长时期内成了改革开放的推进器。但是1986年制定的《民法通则》距今已近30年，限于当时的经济社会发展程度和立法技术，其中许多制度已经过时，比如"联营"。而许多勃兴于成熟市场经济条件下的内容又没能规定在《民法通则》中，如环境权、公司股东权等。民法典是衡量一个国家法治文明程度的很重要的标志。党的十八届四中全会关于全面推进依法治国的决定提出编纂民法典，随后民法典起草工作也因此提上日程，在2015年的两会上，全国人大常委会委员长张德江在工作报告中表示，要抓紧研究启动民法典编纂工作。

1986年《义务教育法》——我国教育发展史上的一个重要里程碑

教育是国家之基石，教育兴则国家兴。1986年4月12日，六届全国人大四次会议审议通过了《中华人民共和国义务教育法》，以国家立法的形式正式确立我国实施九年义务教育。《义务教育法》颁布实施以来，我国义务教育发展实现了历史性的跨越，已经基本普及九年制义务教育，义务教育经费投入逐年增长，政府为主的经费渠道趋于明确。但是近年来，义务教育所面临的情况发生了变化，义务教育在发展中面临了一些新的问题和挑战。2006年6月29日，十届全国人大常委会第二十二次会议通过修订的《中华人民共和国义务教育法》，进一步明确了我国义务教育的公益性、统一性和义务性，规定了义务教育的管理机制，规定了义务教育阶段的教师的地位和待遇，并采取多种措施促进义务教育的均衡发展，进一步促进义务教育的健康发展。

要论

教育决定着人类的今天，也决定着人类的未来。人类社会需要通过教育不断培养社会需要的人才，需要通过教育来传授已知、更新旧知、开掘新知、探索未知，从而使人们能够更好认识世界和改造世界、更好创造人类的美好未来。

——习近平（《人民日报》2014年9月10日07版《发展具有中国特色世界水平的现代教育》）

1989年《行政诉讼法》——破解了"民告官"的难题

　　行政诉讼，也就是俗称的"民告官"。1989年4月，全国人大颁布了《行政诉讼法》，建立了相对独立的、具有中国特色的行政诉讼制度，真正启动了我国行政法治建设。以《行政诉讼法》为起点，我国法治政府建设迈上了快车道，行政法律体系逐步完善，行政法学术研究、学科教育，以及行政法人才的培养也蓬勃兴起。《行政诉讼法》在推进依法行政、保障公民合法权益等方面取得了很大的成就。但是，随着我国社会经济的不断发展和民主法治建设的深入推进，行政诉讼法在实践中暴露出"立案难、审理难、执行难"等突出问题。为了适应依法治国、依法执政、依法行政共同推进，法治国家、法治政府、法治社会一体建设的新要求，2014年11月，全国人大常委会通过了关于修改《行政诉讼法》的决定，在立法目的、受案范围、管辖制度、当事人制度、审理判决制度和执行制度等方面作出了重大修改。此次修改，是十八届四中全会之后修改的第一部国家基本法律，也是《行政诉讼法》施行20多年来第一次大规模修改，在很大程度上解决了长期以来困扰行政诉讼发展的突出问题，对我国民主政治发展和法治国家建设必将起到巨大的推动作用，标志着"民告官"正式迈入2.0时代。

 **文摘**

修改后的行政诉讼法亮点

扩大受案范围

增加可提起诉讼的情形：对征收、征用及其补偿决定不服的，行政机关滥用行政权力排除或者限制竞争的等。

行政机关不得干预、阻碍法院立案

行政机关及其工作人员不得干预、阻碍人民法院受理行政案件。

应当登记立案

法院在接到起诉状时对符合法律规定起诉条件的，应当登记立案；不能当场判定的，应接收起诉状，出具书面凭证，七日内决定是否立案。

起诉期限延长到六个月

直接向法院提起诉讼的，应当自知道或者应当知道作出行政行为之日起六个月内提出。涉及不动产的可延长至二十年。

增加调解制度

行政赔偿、补偿以及行政机关行使法律、法规规定的自由裁量权的案件可以调解；调解应当遵循自愿、合法原则。

完善审判监督

人民检察院对行政诉讼案件的受理、审理、执行等问题要参照民事诉讼法的规定。

行政首长应当出庭应诉

被诉行政机关负责人应当出庭应诉；不能出庭的，应当委托行政机关相应的工作人员出庭。

可跨区域管辖

经最高人民法院批准，高级人民法院可以根据审判工作的实际情况，确定若干人民法院跨行政区域管辖行政案件。

复议机关是共同被告

经复议的案件，复议机关决定维持原行政行为的，作出原行政行为的行政机关和复议机关是共同被告；复议机关改变原行政行为的，复议机关是被告。

——摘编自新华网·2014年11月1日

破解"三难"

修改后的《行政诉讼法》逐渐推进了"民告官"起诉难（立案难）、审理难、执行难等问题的解决。

——图片来源：新华网·2014年11月1日

1994年《国家赔偿法》颁布，监督和促进了国家机关依法行使职权

　　1994年5月12日，八届全国人大常委会第七次会议审议通过了《中华人民共和国国家赔偿法》，该法于1995年1月1日施行。《国家赔偿法》对行政赔偿和刑事赔偿的范围，赔偿义务机关，赔偿的方式、标准和计算方法，赔偿的程序，赔偿费用等，作了全面具体的规定。这部法律的出台，扩大了公民权利的救济途径，将进一步防止公务人员滥用国家权力，促使国家机关及其工作人员依法行使职权，健全了我国国家责任制度，标志着我国国家赔偿法律制度的全面确立。

赵作海获国家赔偿

　　2010年5月13日，经河南省高级人民法院再审判决，被宣告无罪释放的河南省柘城县老王集乡赵楼村村民赵作海收到赔偿义务机关代表——商丘市中级人民法院宋海萍院长亲手交付的人民币65万元。至此，因"故意杀人罪"而入狱11年的赵作海申请国家赔偿案终结。

　　1998年2月15日，河南省柘城县老王集乡赵楼村村民赵振晌的侄子赵作亮到公安机关报案，称其叔父赵振晌于1997年10月30日离家后已失踪4个多月，怀疑被同村的赵作海杀害，公安机关当即进行了相关调查。1999年5月8日，赵楼村在挖井时发现一具高度腐烂的无头、膝关节以下缺失的无名尸体，公安机关遂把赵作海作为重大嫌疑

人于5月9日刑拘。2002年10月22日，商丘市人民检察院以被告人赵作海犯故意杀人罪向商丘中院提起公诉。2002年12月5日商丘中院作出一审判决，以故意杀人罪判处被告人赵作海死刑，缓期两年执行，剥夺政治权利终身。河南省高院经复核，于2003年2月13日作出裁定，核准商丘中院上述判决。

2010年4月30日，"被害人"赵振晌回到赵楼村，案件发生重大变化。5月5日，河南省高院听取了商丘中院关于赵作海案件情况汇报后，决定启动再审程序。5月7日，商丘中院递交了对赵振晌身份确认的证据材料。5月8日，河南省高院张立勇院长亲自主持召开审委会，河南省人民检察院副检察长贺恒扬列席审判委员会，对案件进行了认真研究，认为赵作海故意杀人一案是一起明显的错案。

2010年5月11日下午，赵作海以公安机关刑讯逼供、检察院错误批捕、法院错误判决造成其被错误羁押为由，向商丘中院提出国家赔偿申请，要求赔偿各项损失共计120万元。针对这一情况，宋海萍院长又同副院长栾立学及赔偿办有关同志一起，多次深入赵作海家中进行协商，赵作海对法院开展的积极工作和诚恳态度表示满意，同意依法请求国家赔偿，不再提出超出《国家赔偿法》范围的赔偿请求。

5月12日上午，商丘中院作出赔偿决定，赔偿赵作海国家赔偿金及生活困难补助费等共计65万元。

——摘编自东楚网·2010年5月14日

2002年《农村土地承包法》颁布，用法保护了农民的"命根子"

　　农民以土地为本。在我们这样一个人口众多、底子又薄的大国里，农业问题、粮食问题，始终是关系国计民生的大问题。保护农民的土地权利，是对农民权益最直接、最具体、最实在的保护。稳定农村政策，最重要的是要稳定农村土地承包关系。在总结20多年实践经验的基础上，2002年8月，九届全国人大常委会制定了《农村土地承包法》，以法律形式赋予农民长期而有保障的农村土地承包经营权，标志着我国农村土地承包走上了法治化轨道。贯彻实施《农村土地承包法》，对稳定党的农村基本政策，切实保护农民的合法权益，进一步调动农民生产积极性，促进农业和农村经济发展，维护农村稳定，都具有重大的意义。

共　赢

　　依法保障农民的合法权益，促进农业和农村经济发展，是利国利民的"共赢"智慧。

——图片来源：新华网·2014年1月23日，朱慧卿/画

2003年《道路交通安全法》出台，推进了道路交通安全法治化

　　道路交通安全直接关系到广大人民群众的切身利益，关系到经济建设的顺利进行。制定《道路交通安全法》是从我国经济和社会发展的需要出发，进一步完善我国道路交通安全管理。2003年10月28日，十届全国人大常委会第五次会议通过的《中华人民共和国道路交通安全法》，是推进道路交通安全管理工作法治化的重要举措，该法将保护人身安全作为首要的立法目的，多处规定行人优先，体现了"以人为本"的精神。

行人保护神

　　《道路交通安全法》成为民众安全出行的保护神，其"行人优先"的规定体现了"以人为本"的精神。

——图片来源：安全管理网·2010年9月19日，冯印澄/画

2005年《公证法》制定，推动了我国公证事业的法治化建设进程

　　《中华人民共和国公证法》由第十届全国人民代表大会常务委员会第十七次会议于2005年8月28日通过，2006年3月1日起施行。《公证法》是新中国第一部公证法典，确立了中国特色社会主义公证制度的基本框架，具有公证机构、公证员、公证业务、公证程序以及公证管理总章程的性质。综观《公证法》，它进一步界定了我国公证制度预防纠纷的职能定位，提出了法定公证原则，明确了公证业务范围和一系列保证公证执业活动公开、公平、公正的规则，规定了公证机构和公证员具体的权利义务与严格的法律责任。应该说，颁布实施《公证法》，标志着我国公证事业的法治化建设进入了一个新的阶段，对于推动依法治国和民主法治建设，充分发挥公证工作在构建社会主义和谐社会中的职能优势，切实维护人民群众的合法权益，进一步完善公证制度，都具有十分重要的促进作用。

可作证据的公证书

　　当事人一旦发生纠纷引起诉讼时，公证书可直接作为证据使用，无须法院审查和当事人质证，从而使公证的社会公信力有了法律保障。

　　——图片来源：桐庐新闻网·2006年3月13日，邵慧燕/画

44

2006年《农业税条例》废止，终止了2600多年的"皇粮国税"

自古以来，历朝历代都靠着农民的税赋维持运转，农业税也成为农民负担中最大的一块。2005年12月29日，第十届全国人大常委会第十九次会议经表决决定，《农业税条例》自2006年1月1日起废止。同日，国家主席胡锦涛签署第46号主席令，宣布全面取消农业税，从而，在中国大地上延续了2600多年的"皇粮国税"——农业税，终于走进了历史。农业税被全部取消，9亿中国农民因此受益。延续了几千年的农业税从此彻底退出历史舞台，无疑是个了不起的"惊人之举"。

说

2006年2月22日，国家邮政局发行了一枚首日纪念封，纪念延续了2600多年的农业税正式走进历史博物馆。

纪念封里的邮戳上刻着"全面取消农业税"，左边是农民欢歌庆贺的场面。邮票的设计充满内涵，"税"的偏旁一撇是盛满农民生计的麦穗，邮票一角被揭开，犹如揭去压在农民身上的重担，呈现充满生机的田园景象。

（编者整理）

我们的**法治**观念

2007年《物权法》施行，中国民法典向诞生迈出了关键一步

穿越中外法制史的长河，人们不难发现：物权制度是所有国家民事法律制度的重要组成部分，是一个社会正常运转不可或缺的基本规则。小到一粒纽扣、一份报纸、一个茶杯，大到一幢房屋、一片绿地、一座矿山，皆有所有权归属问题。如何确定权利的归属，划定权利人享有哪些权利，这些权利受到侵害时如何得到保护，这些问题都是物权法规范、调整的内容。物权法既涉及国家的基本经济制度，又与每个人的切身利益息息相关。

2007年3月16日，十届全国人大五次会议高票通过《物权法》，第一次以国家法律的形式，明确规定对公有财产和私有财产给予平等保护，并对农村土地承包经营权、宅基地使用权是否可以抵押、转让以及住宅建设用地使用权期满如何续期、征地拆迁如何补偿、小区车位及车库如何确定归属等民众关心的问题进行了规定，标志着中国民法典向诞生迈出关键一步。

依据《物权法》审理的离婚财产分割案件

一套新婚房，半年前刚付了首付款，而付首付款的是男方。可是，还没等到办理银行按揭、开发商交房，小两口却要离婚了。这套还没到手的房子就成了一个争执不下的"结"，夫妻双方就此闹上三

明三元法院。

最终，法院调解房子归男方使用，待办理房产登记后，所有权归男方。此外，男方补偿女方5万元。这个判决有什么法律依据呢？

庭审中，丈夫认为房子是自己用公积金付的首付，而妻子则认为购房发生在夫妻关系续存期间，房子是丈夫的赠与，属于夫妻共同财产。

而法院则认为，根据《物权法》相关规定，除法律另有规定外，不动产物权的取得需要经过登记，未经登记不发生法律效力。而本案中，争议房产并未经过登记，因此夫妻二人均未取得该房屋的所有权，不能认定为婚姻关系续存期间取得的财产。

同时，因为房产的首付款是丈夫支付的，如果直接认定为共同财产，有失公平，因此这处房产应认定为丈夫的个人财产。

最终，这个案子以调解的方式结案。争议的房产的所有权归丈夫所有，但丈夫需补偿妻子5万元。

—— 摘编自《东南快报》2014年4月28日B7版

物权"保护伞"

—— 图片来源：中国新闻网·2007年3月16日，谢正军/画

　　2007年6月29日，在十届全国人大常委会第二十八次会议上，历经4次审议的《中华人民共和国劳动合同法》以高票通过。2008年1月1日正式实施。《劳动合同法》以保护劳动者合法权益、建设和谐劳动关系为宗旨，关系到千百万普通劳动者的切身利益。《劳动合同法》旗帜鲜明地保护劳动者的合法权益，在具体内容中加大了对劳动者保护的力度，对于保护劳动者的权益和增强劳动者对党和政府的信任，具有积极的意义，为构建与发展和谐稳定的劳动关系提供了有力的法律保障。

法律天平

　　劳动法规范用人单位的行为，维护劳动者的合法权益，有力促进和谐稳定的劳动关系的建立。

—— 摘编自中国就业网·2015年6月1日

依法捍卫劳动者合法权益

　　每年春节长假后必迎来求职高峰，许多求职者都在急迫地寻找就业岗位。与此同时，不签订书面劳动合同、延长用工试用期、不给办理"五险一金"等侵害劳动者权益的事件易多发。为此，上杭县人民法院以曾经审理的这类案子为例，提醒广大劳动者在求职过程中，与用工单位签约时切莫大意。

　　原告何某于2011年8月进入被告公司工作，担任被告公司办公室文员。双方签订劳动合同，约定原告工资为1500元/月。2011年12月，被告公司因生产资金不足处于半停产状态，停止发放原告的工资。原告多次要求被告公司发放拖欠的工资，被告公司告知原告等员工，称公司经营会好转，拖欠的工资会发放，要求原告继续留在公司工作。原告继续在被告公司工作至2012年12月。被告未支付原告2011年12月至2012年12月共计13个月的工资。双方纠纷经过劳动仲裁后原告诉至法院。

　　法院经审理认为，劳动者有取得劳动报酬的权利，用人单位应依法按月支付劳动者工资，不得无故拖欠劳动者工资。被告公司在2011年12月起未支付原告工资，原告工作至2012年12月31日劳动合同期满，被告未支付原告共计13个月工资，遂判决被告公司应支付原告工资共计1.95万元。

　　法院提醒各位劳动者，劳动者有取得劳动报酬的权利。同时，为预防用人单位无故拖欠工资，劳动者应保存好劳动合同或协议、工资支付凭证或记录、工作证、招用记录、考勤记录等能证明劳动关系的证据，以备依法主张自己的权益。

——摘编自《福建日报》2015年3月2日第4版

> 2013年修订的《消费者权益保护法》，让消费者网购有七天"后悔权"

　　新修订的《消费者权益保护法》，是该法1993年制定以来的首次大修改。新消法针对网购作了多方面规范，消费者拥有七天"反悔权"是其中一大亮点。以往，消费者网购后，觉得商品不中意，想要退货非常困难。根据新消法，消费者可以在七天内无理由退货。此外，修改后的《消费者权益保护法》为减轻消费者举证的负担，将消费者"拿证据维权"转换为经营者"自证清白"，实行举证责任倒置，让消费者维权更加便捷。

网购反悔权

——图片来源：西部网·2014年1月9日

50

"七天无条件退货"注意事项

　　最新修订的《消费者权益保护法》有力维护了消费者的合法权益，但有些消费者对新《消费者权益保护法》中的条款认识不足，仍旧导致了一些纠纷的发生。让我们先来看一个新《消费者权益保护法》保护消费者权益的案例吧！

　　2014年4月11日，张先生向厦门某服装品牌营销有限公司官网购买了两件T恤和两件夹克，共花费943元。收到衣服后，他发现不合适，并于4月16日将衣服寄回该公司。4月22日，该公司收到了退回的衣服，但却迟迟未向张先生退款。在工商人员介入调解下，商家才将943元人民币退给了张先生。

　　在大部分的消费者心中，新《消费者权益保护法》所规定的"七天无条件退货"就是"只要自己不满意，就能退货"，也就是"无条件"，事实上，真的是这样的吗？我们再来看一个案例：

　　2014年3月26日，赵先生在网上团购了某客栈一间大床房5天的住宿服务。之后，他要求7天无理由退款，但商家却只同意退还4天的房费。4月8日，工商执法人员调查后告知赵先生，因宾馆住宿属于服务而不是实体产品，不适用7天无理由退款。赵先生只能同意撤诉。

　　事实上，除了上述案例中所指的服务产品外，还有一些产品同样无法"七天无条件退货"，它们包括：消费者定做的，鲜活易腐的，在线下载或者消费者拆封的音像制品、计算机软件等数字化商品，交付的报纸、期刊等商品。

——摘编自《厦门日报》2014年10月10日B05版

2014年修订的《环保法》，实现了"政策法"到"实施法"的转变

如果说1979年的《环境保护法（试行）》是中国环境立法史上的第一座里程碑，那么2014年4月24日，在全国人大常委会四审之后得以通过的《环境保护法》修订草案，则应当被誉为中国环境立法史上的第二座里程碑。它对既往的环境规划、环境标准、环境监测、环评、环境经济政策、总量控制、生态补偿、排污收费、排污许可等管理制度做了切合实际的修改，并且特别注重规定与之相应的法律责任条款，针对不同违法行为设立了行政强制措施、按日连续处罚措施与治安管理处罚措施等规定。新法既规范约束政府环境行为，也强化了环境监督管理的职权。与以往的环境立法相比，新法明显加大了对环境违法行为的处罚力度，这使得新法摆脱了政策法的痕迹，成为一部操作性很强的实施法。

 践 行

先行先试，"长汀经验"推动福建环境立法

说到2014年7月1日起实施的《福建省水土保持条例》，大家都会谈到"长汀经验"——"长汀经验"被写入《福建省水土保持条例》，条例将"谁开发谁保护、谁造成水土流失谁治理、谁影响水土保持功能谁补偿、谁承包治理谁受益的原则"作为福建省水土保持工作的基本原则，并明确县级以上政府应依据水土流失调查结果，划定水土流失重点预防区和重点治理区，向社会公告。

长汀县地处闽西山区，曾是我国南方红壤区水土流失最严重的县份之一。早在1999年，时任福建省委副书记、代省长的习近平在长汀

考察水土保持工作时，就希望干部群众要锲而不舍，统筹规划，用8到10年时间，争取国家、省、市支持，完成国土整治，造福百姓。

经过10多年努力，长汀将"火焰山"变为"花果山"，昔日不毛之地，如今白鹭翩翩，百姓安居乐业，林木硕果累累，村民收入逐年增长。

福建省已制订出长汀水土流失治理新目标——到2017年全面完成未治理的48万亩水土流失治理任务；已治理的117.8万亩，将全面改造、巩固提升。同时，"长汀经验"已在福建省全面推广，并推动了福建省地方环境立法的发展，使得福建省的水土流失治理取得重大进展。

——综合摘编自《福建日报》2014年10月31日第1版、《中国人大》2014年第15期

治理前面貌

长汀县水土
流失治理前后对
比（摄于长汀县
河田镇露湖村石
壁下）

——图片来源：
长汀县水土保持事业局

治理后景象

 **文摘**

新《环保法》五大亮点

新举措——建立公共检测预警机制

这些机制包括了：国家建立健全环境与健康监测、调查和风险评估制度、环境污染公共监测预警机制以及国家建立跨行政区域的重点区域、流域环境污染和生态破坏联合防治协调机制。

新制定——划定生态保护红线

新《环保法》首次将生态保护红线写入法律，规定国家在重点生态保护区、生态环境敏感区和脆弱区等区域，划定生态保护红线，实行严格保护。

新主体——环境公益诉讼主体扩大

新《环保法》第五十八条扩大了环境公益诉讼的主体，凡依法在设区的市级以上人民政府民政部门登记的，专门从事环境保护公益活动连续五年以上且信誉良好的社会组织，都能向人民法院提起诉讼。

新标准——按日计罚无上限

多年来，国家环境立法不少，但由于违法成本低，导致法律法规并未起到真正的约束作用。修订后的《环保法》提高了企业事业单位和其他生产经营者违法排放污染物所受到处罚的标准。

新职责——明确政府管理

新《环保法》进一步明确了政府对环境保护的监督管理职责。第二十四条规定，县级以上人民政府环境保护主管部门及其委托的环境监察机构和其他负有环境保护监督管理职责的部门，有权对排放污染物的企业事业单位和其他生产经营者进行现场检查。

——摘编自《人民法院报》2014年4月26日第6版

近30年的全民普法教育成效显著

　　我国从1986年起，以五年为期，在一切有教育能力的公民中，进行普及法律常识的教育，并且逐步做到制度化、经常化。目前已实施了五个五年普法规划，六五普法也即将完成。经过全国规模的普法运动，全体公民的法律素质进一步提高；依法维护自身合法权益的能力不断增强；履行法律义务的自觉性不断提高；运用法律武器同各种违法犯罪行为做斗争的现象不断增多；遇到问题找法、解决问题靠法的观念逐步确立，极大地推动了新时期法制建设的历史进程。福建省通过近30年的全民普法教育，宪法和国家基本法律得到大力传播，社会主义法治理念教育不断深入，与广大人民群众生产生活密切相关的法律法规得到基本普及，"法律六进"活动扎实推进，地方、行业、基层法治创建活动蓬勃开展，各级党委政府依法决策、依法行政理念和能力有效提升，全省公民依法办事、依法维权意识不断增强，全社会法治化管理水平不断提高，为服务全省经济社会发展、维护社会和谐稳定发挥了重要作用。

 ### 践 行

福建"六五"普法成果丰硕

　　"六五"普法以来，福建省法治宣传教育工作紧紧围绕"十二五"规划目标任务和新福建建设大局，着眼弘扬社会主义法治精神，以强化法治文化建设为引领，不断深化"法律六进"主题教育活动，积极构建"大普法"格局，稳步推进多层次多领域的法治创建。各级政府高度重视"六五"普法规划、决议的实施情况，将法治宣传教育纳入省和各市县经济社会发展规划、纳入党政目标管理，同部署、同管理、同落实。各级财政足额保障普法经费，按照省级人均0.1元，设区市0.4元、县（区）人均0.5元的标准列入财政预算。

"六五"普法伊始，省法宣办就制定下发了《"六五"普法规划目标任务分解表》，将普法规划中的21项重点任务和55项目标要求，分解到60多个省直相关部门，明确了牵头单位和协办单位的职责任务。全省市县两级普法依法治理领导小组普遍与主要行政执法部门签订了《"谁执法谁普法"责任状》明确列出每个执法部门应向社会公众普及的重点法律法规、宣传载体、工作举措及目标效果等，有效推动工作落实。

各级普法办牵头组织协调各个部门，主动对接每年度省重大项目建设，贴近宣传拆迁安置、征地补偿、安全生产、生态保护等法律法规和国家有关政策。省司法厅牵头成立"海西律师服务团"，通过担任企业法律顾问、"千所千企""法律体检"等方式，为企业提供全方位的法律服务，维护企业合法权益。近3年来，全省共有6251人次律师为重点项目建设提供法律服务12684件。

全省各地各部门依托网络、微博、微信等信息化平台，及时收集整理基层群众法律需求，协调相关职能部门开展预防电子商务犯罪、网络信息保护、流动人口服务和管理、公共卫生、工伤赔偿、企业欠薪、社会保障等专项法治宣传主题活动5830多场次，引导群众依法维护合法权益。

司法行政机关充分发挥16761名村（居）委会法律援助联络员的

纽带作用，免费发放《法律援助便民服务手册》，解答群众来电、来信、来访咨询，不断拓宽法律援助服务范围，努力使法律援助惠及更多困难群众。

各地还全面深化"法律六进"活动，精心组织每年度的"百名法学家百场报告会"省直和地市专场法治宣讲活动，示范带动全省各级普法讲师团6200多名成员，深入机关、企业、学校、村居举办法治报告会27580多场次。

—— 材料来源：福建省司法厅

永春县岵山镇茂霞村法治文化园　摄影：蔡忠

57

我国基本形成四级构架的法律援助机构体系

法律援助，是指在国家设立的法律援助机构的指导和协调下，律师、公证员、基层法律工作者等法律服务人员为经济困难或特殊案件的当事人给予减、免收费提供法律帮助的一项法律制度。

1994年初，司法部提出探索建立中国法律援助制度，并首先在一些大中城市开展了法律援助工作的试点。到目前为止，依据有关法律法规，我国从中央到地方，按照现有行政区划与法院的设置相对应，设立了政府法律援助机构，形成了中央、省（自治区、直辖市）、地（市）、县（区）四级构架的法律援助机构体系。

如何申请法律援助？

根据所遇到的法律问题的性质及具体状况，申请法律援助大致能分为以下几种情况：

1.请求国家赔偿的，向赔偿义务机关所在地的法律援助机构提出申请。

2.请求给予社会保险待遇、最低生活保障待遇或者请求发给抚恤金、救济金的，向提供社会保险待遇、最低生活保障待遇或者发给抚恤金、救济金的义务机关所在地的法律援助机构提出申请。

3.请求给付赡养费、抚养费、扶养费的，向给付赡养费、抚养费、扶养费义务人住所地的法律援助机构提出申请。

4.请求支付劳动报酬的，向支付劳动报酬义务人住所地的法律援助机构提出申请。

5.主张因见义勇为行为产生的民事权益的，向被请求人住所地的法律援助机构提出申请。

6.刑事诉讼中有关人员申请法律援助的，应当向审理案件人民法院所在地的法律援助机构提出申请。被羁押的犯罪嫌疑人的申请由看守所在24小时内转交法律援助机构，申请法律援助所需提交的有关证件、证明材料由看守所通知申请人的法定代理人或者近亲属协助提供。

公民在申请代理、刑事辩护的法律援助应当提交下列证件、证明材料：身份证或者其他有效的身份证明，代理申请人还应当提交有代理权的证明；经济困难的证明；与所申请法律援助事项有关的案件材料。申请应当采用书面形式，填写申请表；以书面形式提出申请确有困难的，可以口头申请，由法律援助机构工作人员或者代为转交申请的有关机构工作人员作书面记录。

——摘编自中国法律援助网·2012年12月18日

 践 行

福建省南靖县检察院积极为在押人员提供法律援助

近年来，福建省南靖县检察院驻看守所检察干警积极开展法律援助工作，通过释理说法、提供咨询、主动建议法律援助机构提供法律援助、转交在押人员法律援助申请等多种方式，实实在在为在押人员提供力所能及的法律援助，受援助对象涵盖到处于侦查、起诉、审判等诉讼环节的各类在押人员，取得了良好的法律效果。

2015年，该院驻所检察室已办理法律援助案件4件4人，为在押人员释理说法、提供法律咨询80余人次。

——摘编自正义网·2015年6月2日

文摘

《关于完善法律援助制度的意见》五大亮点

2015年6月29日，中办、国办公布《关于完善法律援助制度的意见》，其中五大亮点引人关注。

亮点一：逐步将涉及劳动保障、婚姻家庭、食品药品、教育医疗等事项纳入法律援助补充事项范围，帮助困难群众运用法律手段解决基本生产生活方面的问题。

亮点二：建立法律援助参与刑事和解、死刑复核案件办理工作机制，依法为更多的刑事诉讼当事人提供法律援助。

亮点三：探索建立法律援助参与申诉案件代理制度，开展试点，逐步将不服司法机关生效民事和行政裁判、决定，聘不起律师的申诉人纳入法律援助的范围。

亮点四：拓展基层服务网络，推进法律援助工作点向城乡社区延伸。

亮点五：市、县级财政要将法律援助经费全部纳入同级财政预算，根据地方财力和办案量合理安排经费。

——摘编自新华网·2015年6月29日

厦门湖里区兴华社区"法"雕塑　摄影：蔡忠

中国特色社会主义法律体系已经形成

经过长期努力，一个立足中国国情和实际、适应改革开放和社会主义现代化建设需要、集中体现党和人民意志的，以宪法为统帅，以宪法相关法、民法商法等多个法律部门的法律为主干，由法律、行政法规、地方性法规等多个层次的法律规范构成的中国特色社会主义法律体系已经形成。我们国家和社会生活各方面总体上实现了有法可依。截至2014年9月底，我国已制定现行有效法律242件、行政法规737件、地方性法规8500多件、自治条例和单行条例800多件。

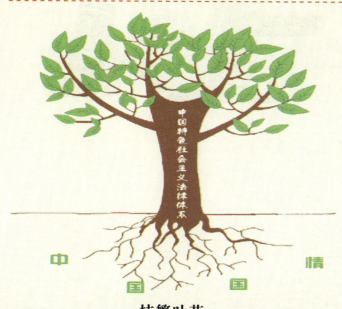

枝繁叶茂

——图片来源：新华网·2011年3月14日，崔莹/画

三·科学立法

法律是治国之重器，良法是善治之前提

依法治国，首先要有法可依。建设中国特色社会主义法治体系，必须坚持立法先行，发挥立法的引领和推动作用，抓住提高立法质量这个关键。要恪守以民为本、立法为民理念，贯彻社会主义核心价值观，使每一项立法都符合宪法精神、反映人民意志、得到人民拥护。要把公正、公平、公开原则贯穿立法全过程，完善立法体制机制，坚持立改废释并举，增强法律法规的及时性、系统性、针对性、有效性。

 ## 史 话

唐律疏议

《唐律疏议》原名律疏，又名唐律、唐律疏义，是唐朝律法及其疏注的合编，律文部分共十二篇五百零二条，是中国现存最完整的封建法典。《唐律疏议》以隋朝《开皇律》为基础，更撰新律，经贞观定律、永徽制疏、开元刊订，大体定型。它是封建社会中最辉煌的一部法律，是中华法系的代表作，在中国及东南亚法制史上具有深远的影响。

——图片来源：泉州市丰泽区人民法院

建立宪法宣誓制度

党的十八届四中全会《决定》提出建立宪法宣誓制度。这是世界上大多数有成文宪法的国家所采取的一种制度。在142个有成文宪法的国家中，规定相关国家公职人员必须宣誓拥护或效忠宪法的有97个。关于宪法宣誓的主体、内容、程序，各国做法不尽相同，一般都在有关人员开始履行职务之前或就职时举行宣誓。全会决定规定，凡经人大及其常委会选举或者决定任命的国家工作人员正式就职时公开向宪法宣誓。这样做，有利于彰显宪法权威，增强公职人员宪法观念，激励公职人员忠于和维护宪法，也有利于在全社会增强宪法意识、树立宪法权威。

 **要论**

坚持依法治国首先要坚持依宪治国，坚持依法执政首先要坚持依宪执政。

—— 习近平（摘自《人民日报》2014年12月4日01版《切实增强宪法意识 推动全面贯彻实施宪法》）

 践行

- -

2015年7月1日，全国人大常委会审议通过了《关于实行宪法宣誓制度的决定》，《决定》规定，宣誓制度自2016年1月1日起施行。

图解宪法宣誓

宣誓人

　　凡经各级人民代表大会及其常务委员会选举或决定任命的国家工作人员，以及各级人民政府、人民法院、人民检察院任命的国家工作人员，在就职时应公开向宪法宣誓。

包括全国人大选举或决定任命的

国家主席	副主席	全国人大常委会委员长	全国人大常委会副委员长	全国人大常委会秘书长	全国人大常委会委员
国务院总理	副总理国务委员	各部部长	各委员会主任	中国人民银行行长	审计长
国务院秘书长	国家军委主席	国家军委副主席	国家军委委员	最高人民法院院长	最高人民检察院检察长

誓词

　　我宣誓，忠于中华人民共和国宪法，维护宪法权威，履行法定职责，忠于祖国、忠于人民，恪尽职守、廉洁奉公，接受人民监督，为建设富强、民主、文明、和谐的社会主义国家努力奋斗！

现场布置

宣誓场所 ── 庄重严肃，悬挂国旗或国徽　　整洁、得体 ── **宣誓人着装**

宣誓举止

单独宣誓

　　宣誓人应当左手抚按《宪法》，右手举拳，诵读誓词。

集体宣誓

　　由一人领誓，领誓人左手抚按《宪法》，右手举拳，领诵誓词；其他宣誓人员整齐排列，右手举拳，跟诵誓词。

──根据人民网·2015年7月2日《我国通过宪法宣誓制度》整理

健全有立法权的人大主导立法工作的体制机制

发挥人大及其常委会在立法工作中的主导作用。建立由全国人大相关专门委员会、全国人大常委会法制工作委员会组织有关部门参与起草综合性、全局性、基础性等重要法律草案制度。增加有法治实践经验的专职常委比例。依法建立健全专门委员会、工作委员会、立法专家顾问制度。

人民群众对立法的期盼，已经不是有没有，而是好不好、管用不管用、能不能解决实际问题；不是什么法都能治国，不是什么法都能治好国；越是强调法治，越是要提高立法质量。

—— 习近平（摘自中央文献研究室编：《习近平关于全面依法治国论述摘编》，中央文献出版社2015年版，第43页）

践 行

立法之前的"暗访"

立法调研是人大立法的最基础性工作。每一部法律背后，都有一摞摞厚厚的调研报告。调研深不深入、是不是掌握了真实情况、能不能拿到第一手资料，直接决定着立法质量。

传统的调研方式有座谈会、专题研讨会、基层调查等，一般都"有组织"，比如到基层调查，先跟调研方接洽，在调研方的协助下，收集立法需要的各方面信息。但《旅游法》和《行政诉讼法》修正案草案采用了新的调研方式——"暗访"。

2013年4月的一个周末，全国人大常委会法工委经济法室副主任杨合庆和几个同事去景德镇、上饶"自助游"。没和地方的任何部门打招呼，他们自己找了一家旅行社，签了书面旅游合同，然后"潜伏"在游客中，跟旅行社管理人员、导游、司机、当地群众、餐饮服务员交朋友。

"导游没工资，收入就靠从旅游者消费项目中拿回扣和提成。"杨合庆说，"暗访"中，他们摸清了"零付团费"的"底细"，组团社、地接社、导游队、购物和自费项目经营者之间，是一条环环相扣的利益链条，所有经营成本、收入和利润，都是掏旅游者的腰包。

这次"暗访"成果，形成了"旅行社组织、接待旅游者，不得指定具体购物场所，不得安排另行付费旅游项目"等法条，写入2013年10月实施的《旅游法》中。全国人大常委会法工委负责人称，今后，类似于《旅游法》这样的适合"暗访"的法律案，立法调研都会"暗访"。

——摘编自《新京报》2014年3月9日A22版

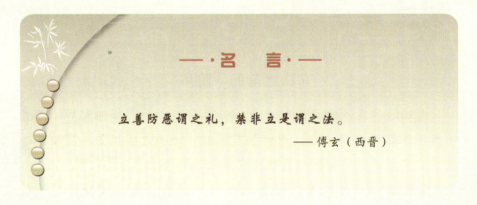

— ·名　言· —

立善防恶谓之礼，禁非立是谓之法。

——傅玄（西晋）

健全向基层人大征询立法意见机制

选择部分有代表性的街道、社区、农村、学校和企业，作为基层立法联系点。增加人大代表参加立法调研、列席人大常委会会议人数，充分发挥人大代表在征集立法项目、起草和审议法规中的作用。完善人大常委会审议机制，根据需要采取联组或分组方式，保证人大常委会组成人员充分发表意见。完善表决程序，对重要条款或有重大意见分歧的个别条款可以单独表决。完善立法后评估工作，建立常态化的修改机制，定期清理地方性法规、规章。

推进科学立法、民主立法、是提高立法质量的根本途径。科学立法的核心在于尊重和体现客观规律，民主立法的核心在于为了人民，依靠人民。要完善科学立法、民主立法机制，创新公众参与立法方式，广泛听取各方面的意见和建议。

—— 习近平（摘自中央文献研究室编：《习近平关于全面依法治国论述摘编》，中央文献出版社2015年版，第49页）

践 行

全国人大教科文卫委调研组莅闽开展立法调研

2015年6月3日至7日，全国人大常委会委员、教科文卫委员会调研组来闽，就制定《基本医疗卫生法》和《教育法》《高等教育法》《民办教育促进法》等法律修订工作开展专题调研。

在闽期间，调研组召开由福建省、三明市、厦门市党委、人大、政府有关部门，部分省市公立医院负责人、医生代表和乡村卫生机构人员，部分高校校长、民办学校代表以及专家学者等参加的多场座谈会，广泛听取社会各界的意见和建议。调研组还赴省协和医院、三明市第一医院、沙县夏茂中心卫生院、厦门大学等地进行了实地调研。

——摘编自福建省人大网·2015年6月8日

 漫 评

立法基层联系点

突破"闭门造车"樊篱，倾听民意，吸纳民智，立"良法"，行"善治"，让民众和专家深度参与。

——图片来源：新华网·2014年10月13日，徐骏/画

加快建立有效约束开发行为和促进绿色发展、循环发展、低碳发展的生态文明法律制度

保护生态环境、建设生态文明是一场涉及生产方式、生活方式、思维方式和价值观念的革命性变革。实现这样的根本性变革，必须依靠制度和法治。加快建立有效约束开发行为和促进绿色发展、循环发展、低碳发展的生态文明法律制度，强化生产者环境保护的法律责任，大幅度提高违法成本。建立健全自然资源产权法律制度，完善国土空间开发保护方面的法律制度，制定完善生态补偿和土壤、水、大气污染防治及海洋生态环境保护等法律法规，促进生态文明建设。

图说

建设美丽中国，是全国人民的梦想。

——图片来源：中国画报出版社2013年2月版《共创生态文明 建设美丽中国》宣传画

升级法治中国的"立法引擎"

　　立法工作关系党和国家事业发展全局，是现代国家制度文明的中枢。称为"管法的法"和"法中之法"的《立法法》颁布施行15年后，在2015年的全国人大会议上迎来首次"大修"。根据全国人大对修正案草案做出的说明，此次修改条款占1/3，汇集税收法定、地方立法权、立法与改革关系等众多重大主题于一身。15年前《立法法》的施行，为中国在短时间内快速构筑起中国特色社会主义法律体系发挥了重要作用，也见证了中国从"有法可依"到"良法善治"的法治进程。在"四个全面"战略布局谋定之后的重要节点修改《立法法》，标志着全面推进依法治国的巨大引擎再次轰响。"立法引擎"将牵引着民意对立法的强烈期待，驶向立法体制更完善、立法质量和立法效率更高、法律规范体系更完备的社会主义法治国家，并最终实现国家治理体系和治理能力的现代化。

 践 行

- -

设区市获地方立法权　可以制定地方性法规

　　2015年3月全国人大通过修正的《立法法》，赋予设区市地方立法权，可针对城乡建设与管理、环境保护、历史文化保护等方面的事项制定地方性法规。此前，福建省设区市中，能制定地方性法规的只有福州和厦门两市人民代表大会及其常务委员会。

2015年7月18日，福建省十二届人大常委会第十六次会议表决通过《福建省人大常委会关于漳州等七个设区的市人大及其常委会开始制定地方性法规的决定》，决定漳州、泉州、三明、莆田、南平、龙岩、宁德市人民代表大会及其常务委员会自决定公布之日起，可以开始制定地方性法规。

——摘编自《福建日报》2015年7月19日第1版

《立法法》"大修"，升级立法引擎。

——图片来源：湖北网络广播电视台网·2015年3月12日

立足福建特色开展地方立法的有益探索

　　福建在地方立法方面走在全国前列，是生态环境立法较早的省份，也是开展涉台立法最早、涉台立法成绩最显著的省份，无论是数量还是涉及领域都走在全国的前列。此外，福建省还在全国率先立法促进机关效能建设，率先立法保护房屋消费者权益，率先立法促进物流业、茶产业发展，率先启动终身教育立法等等。为贯彻落实《中共中央关于全面推进依法治国若干重大问题的决定》，让全面依法治国战略部署在福建落地生根，我们要进一步立足福建特色积极开展地方立法的有益探索，用足用活地方立法权，继续加强和完善涉台、涉外、涉海、涉港澳、涉侨、知识产权、生态环境等领域立法工作，更好地发挥法治在经济社会发展中的保障和支撑作用。

文摘

法治八闽稳健前行

　　"立足发展所需，回应人民所盼"是省人大常委会在立法工作中贯彻始终的理念，以立法服务福建发展和海西建设是常委会立法工作的根本。多年来，省人大常委会紧密结合福建实际，紧紧围绕科学发展的主题和加快转变、跨越发展的主线，制定、修改、废止了多部法规，涵盖了社会管理、公共服务、生态环保、民主政治建设等方面。

　　一部部法规走进我们的生活，法治八闽正稳健前行。

——摘编自《福建日报》2013年1月23日第1版

进一步完善福建省地方立法体制

《中共福建省委关于贯彻党的十八届四中全会精神全面推进依法治省的实施意见》提出，加强党对立法工作的领导，完善党委对立法工作中重大问题决策的程序，定期听取立法工作汇报，及时研究解决立法工作中的重大问题。对立法规划和法规制定修改中的重大问题，由人大常委会党组向同级党委报告决定。

 践 行

福州国际商事仲裁院在福建自贸区福州片区成立

2015年8月，福州仲裁委员会国际商事仲裁院在福建自贸试验区福州片区成立。它将突出对台特色，借鉴国际经验，发挥自贸区先行先试优势，为自贸区建设提供仲裁法律保障。它将着力打造四大服务平台：

多元化的商事纠纷解决服务平台。创新自贸区商事仲裁机制，努力探索"互联网＋"纠纷解决新模式，进一步完善"在线仲裁"服务机制，为自贸区内市场主体提供零距离的仲裁咨询、立案、开庭、调解等一体化、多元化的商事纠纷解决服务平台。

市场化的商事纠纷解决服务平台。逐步引入市场化运作机制，提供有针对性、个性化的高效、公正的仲裁法律服务。

国际化的商事纠纷解决服务平台。借鉴国际经验，积极探索仲裁员名册的开放化、国际化，不断完善涉外仲裁的现代化规则，加强与国际知名商事仲裁机构的交流合作。

两岸经贸合作争端友好解决的服务平台。聘请更多的台、港、澳籍法律、经贸专家担任仲裁员参与仲裁工作，加大与台、港、澳地区仲裁机构的合作力度，为两岸经贸合作争端提供商事仲裁法律服务。

——摘编自新华网·2015年8月25日

健全福建省立法机关和社会公众沟通机制

《中共福建省委关于贯彻党的十八届四中全会精神全面推进依法治省的实施意见》中强调，要健全立法机关和社会公众沟通机制，要充分发挥政协委员、民主党派、工商联、无党派人士、人民团体、社会组织在立法协商中的作用。完善立法座谈会、论证会、听证会、专题调研、网上征集、问卷调查等公开征求意见方式，健全听取和采纳意见反馈说明机制。重视地方立法智库建设，探索建立有关国家机关、社会团体、专家学者等对立法中涉及的重大利益调整论证咨询机制。

 践 行

福建省地方立法工作座谈会在榕召开

2015年4月22日，福建省地方立法工作座谈会在福清召开。会议深入学习中央和省委关于立法工作的部署要求，研究在新形势下进一步加强和改进地方立法的有关工作。

——摘编自《福州日报》2015年4月23日A1版

加强福建省重点领域立法

按照全面推进福建省经济、政治、文化、社会建设和生态文明建设的要求，科学制定立法规划和计划，突出立法重点，合理配置立法资源。积极推动经济领域立法，制定和完善促进产业转型、科技创新、信息化建设、改革开放、投资管理等方面的法规规章，完善市场经济规则，维护公平竞争的市场秩序；积极推动政治领域立法，修订完善人大代表建议批评和意见办理、加强人大常委会同人大代表联系、预算审查监督、信访工作等规定，完善惩治和预防腐败立法；积极推动文化教育领域立法，制定公共文化服务保障、文化产业促进、文化市场和互联网管理、知识产权保护、义务教育等方面的法规规章，依法做好非物质文化和历史文化名城名镇名村保护等工作；积极推进社会领域立法，加强和规范社会服务，研究制定物业管理、食品安全等条例，完善促进老区发展法规，加快国家安全法治建设，推进公共安全法治化，制定国防教育、国防动员等条例，强化军民融合深度发展的法治保障；积极推进生态资源保护立法，制定完善海岸带保护与利用、湿地保护、水资源保护、河道管理、生态公益林以及生态补偿等法规，推进生态文明建设制度创新。

加强重点领域立法，从经济社会发展实际需要出发，突出重点、统筹兼顾，科学确定立法项目。

——张德江（摘自新华网2015年3月8日《增强立法针对性 推进立法精细化》）

 **践 行**

"生态福建"建设巨大成就背后的秘密

2014年3月10日，国务院正式印发《关于支持福建省深入实施生态省战略加快生态文明先行示范区建设的若干意见》。福建成为全国第一个生态文明先行示范区。2014年7月15日至18日，中国人大杂志记者走进福建，开展人大工作巡礼报道。

"人间福地好福气，清新福建任呼吸。"经过不断走访调查，记者发现：生态之所以能成为福建发展的金名片，与福建省人大长期重视并加强"生态省建设"这一重点领域立法密切相关。

早在2000年，时任福建省省长习近平就前瞻性地提出了建设生态省的战略构想，并组织采取有力措施全力推进生态省建设。2002年，福建成为全国首批生态省试点省份。

2011年，福建人大制定《流域水环境保护条例》，建立完善流域生态保护补偿机制和跨行政区交接断面水质管理制度，严格保护饮用水源。

2013年，福建制定《森林防火条例》，理顺森林防火管理体制，明确防火责任，健全火灾预防、扑救、灾后处置等工作机制，强化防火基础设施和扑火队伍建设，有利于保护森林资源安全，推进绿色发展。

2014年，福建人大注意总结长汀等地的成功做法和经验，制定《水土保持条例》，着力完善水土保持规划工作和预防措施，建立健全水土流失治理长效机制。

正是这种重视加强生态立法工作，立法保护生态资源的做法，从法制上促进生态优势转化为福建发展的优势。

——摘编自《中国人大》2014年第15期

发挥地方立法对改革的引领推动作用

《中共福建省委关于贯彻党的十八届四中全会精神全面推进依法治省的实施意见》提出，要完善改革决策与立法决策相衔接的工作机制，在研究重大改革方案和措施时，同步考虑改革涉及的地方立法问题。实践证明行之有效的，要及时上升为法规规章。实践条件还不成熟、需要先行先试的，要按照法定程序作出授权。对不适应经济社会发展和改革要求的法规规章，要及时修改和废止。

 践 行

地方立法推进"平安厦门"建设

2015年5月1日，《厦门经济特区多元化纠纷解决机制促进条例》正式实施。此项地方性法规乃全国首部，其中，"无争议事实记载""无异议调解方案认可""政府购买调解服务""非诉讼法律援助"等机制的创设，可圈可点，广受关注。

近年来，厦门一直在探索构建立体化治安防控体系、多元化纠纷解决机制与网格化基层社会治理等平安建设的体制机制创新，坚持平安共创、矛盾共调、治安共管、社区共治、成果共享，同时注重将成熟治理经验及时上升为法律，大胆创新，规范运行。

这些年，厦门获得了不少重量级荣誉，2006年起连续三届被评为"全国综治优秀地市"，2015年再次荣获"全国文明城市"，第四次获此殊荣。在这样成绩和基础上，厦门还将计划陆续推出法治宣传教育、非经营性上网服务场所网络安全、公共交通治安管理等方面的地方立法，以进一步推进厦门的社会治安建设。

——摘编自《法制日报》2015年6月18日第1版

福建省暂时调整在中国（福建）自由贸易试验区实施本省有关地方性法规

为进一步深化改革、扩大开放，加快政府职能转变，依法推进中国（福建）自由贸易试验区建设，2015年3月31日福建省第十二届人民代表大会常务委员会第十四次会议决定：

一、根据《全国人民代表大会常务委员会关于授权国务院在中国（广东）自由贸易试验区、中国（天津）自由贸易试验区、中国（福建）自由贸易试验区以及中国（上海）自由贸易试验区扩展区域暂时调整有关法律规定的行政审批的决定》的规定，在中国（福建）自由贸易试验区内，对国家规定实施准入特别管理措施之外的台湾同胞投资，暂时停止实施《福建省实施〈中华人民共和国台湾同胞投资保护法〉办法》有关行政审批的规定。

二、法律、行政法规在中国（福建）自由贸易试验区调整实施有关内容的，本省有关地方性法规作相应调整实施。

三、本省其他地方性法规中的有关规定，与《中国（福建）自由贸易试验区总体方案》不一致的，调整实施。

四、上述第一条、第二条有关地方性法规与法律、行政法规同步调整实施，第三条有关地方性法规的调整实施在三年内试行，对实践证明可行的，修改完善有关地方性法规；对实践证明不宜调整的，恢复施行有关地方性法规。

践 行

福建首家自贸区法庭在厦门挂牌成立

2015年8月7日，厦门湖里法院自贸区法庭挂牌成立，这是福建省成立的首家自贸区法庭。据了解，随着福建自贸试验区的设立和建设，自贸试验区内投资、贸易、金融、航运等相关纠纷案件不断增多，新型复杂案件呈现多发趋势。对此，福建省高级人民法院确定在福州马尾法院、平潭综合实验区法院、厦门湖里法院设立自贸区法庭，集中管辖相关案件。

根据最高法院的授权管辖批复精神和福建高院确定的案件受理类型，该法庭将集中审理诉讼主体、法律事实、诉讼标的物涉福建自贸区厦门片区的一审商事案件（含投资、贸易、金融等多类合同及侵权纠纷）、房地产案件、知识产权民事纠纷案件（不含专利、植物新品种、集成电路布图设计和涉及驰名商标认定、垄断纠纷），以及前述案件中的涉外、涉港澳案件。并根据福建自贸区厦门片区的建设发展运行、制度创新等实际情况，适时对受案范围作相应调整。

作为相关案件的二审法院，厦门市中级人民法院于此前出台了服务自贸区建设的专门意见，并在该院民四庭（知识产权案件审判庭）中设立了专项合议庭，依法集中审理涉自贸区相关二审案件及重大一审案件。

——摘编自新华网福建频道·2015年8月8日

四·严格执法

全面推进依法治国的重点是严格执法

　　法律的生命力在于实施，法律的权威也在于实施。各级政府必须坚持在党的领导下、在法治轨道上开展工作，创新执法体制，完善执法程序，推进综合执法，严格执法责任，建立权责统一、权威高效的依法行政体制，加快建设职能科学、权责法定、执法严明、公开公正、廉洁高效、守法诚信的法治政府。

 先锋模范

- -

严格执法，热情服务的"大姐局长"——郭爱莲

　　从一位普通的窗口出纳到福州市鼓楼区国税局的局长，熟悉郭爱莲的人，都说她有"两面"，一面是亲切，一面是威严。在这两面的映衬之下，她树起了"严格执法，热情服务"的旗帜，如同一朵在纳税人心中常开不败的莲花。

　　2013年7月，时任闽侯县国税局局长的郭爱莲办公室里访客一拨接着一拨，而他们的要求都是同一个——减免税款。原来，2013年闽侯县国税局对全县工艺品企业开展纳税评估，有75户企业需要补交税

款共计752万元。

"补交通知一发出，国税局里就像炸开了锅，前来说情的人络绎不绝。"回想起当时的压力，郭爱莲仍历历在目，"最多的一天我接待了七八位来客。"

顶着压力，郭爱莲迸发了一股惊人的倔牛劲。她挡住所有的说客，坚决按法律规定办。"一方面我们反复上门宣传纳税政策，摆事实讲道理。另一方面我们还做好了企业主亲戚朋友的工作，以软性方式加强沟通。"郭爱莲说，有一家企业，她甚至上门沟通了十几次，最终75户企业在规定的时限内补交了所有税款，这块硬骨头被啃下了。

"我的权力是纳税人给的，我更要把好税务这道门。"对于手中的权力，郭爱莲看得清醒。而在同事眼中，"爱廉局长"的称号，亦是当之无愧。

"只要不出差，饭点在单位食堂就一定能遇上郭姐。"郭爱莲的同事说。"纳税人请，她不会去，哪怕下属请，她也不会去。"同事说，久而久之，"请不来"成了大家对郭爱莲的印象。

以身作则、廉洁自律，郭爱莲的威严树立起了正气的口碑。作为国税系统第一代办税服务人员，郭爱莲几乎干遍了国税系统中的所有岗位，无论在哪个岗位，她都做得一丝不苟、兢兢业业。在6年的工作中，她所在的单位开出了2万多份的税单，3亿多元的税款无一差错，也正是这种认真履职、严格执法的"直肠子"性格，让30年来勤恳细致工作的郭爱莲收获了数不尽的感谢和"点赞"，也让她收获了全国"十大杰出女税务工作者"、全国"十行百佳"、全国"三八红旗手"、全国五一劳动奖章等众多荣誉。

——摘编自人民网2014年9月29日

完善行政组织和行政程序法律制度，推进机构、职能、权限、程序、责任法定化

行政机关要坚持法定职责必须为、法无授权不可为，勇于负责、敢于担当，坚决纠正不作为、乱作为，坚决克服懒政、怠政，坚决惩处失职、渎职。行政机关不得法外设定权力，没有法律法规依据不得作出减损公民、法人和其他组织合法权益或者增加其义务的决定。推行政府权力清单制度，坚决消除权力设租寻租空间。

推进各级政府事权规范化、法律化，完善不同层级政府特别是中央和地方政府事权法律制度，强化中央政府宏观管理、制度设定职责和必要的执法权，强化省级政府统筹推进区域内基本公共服务均等化职责，强化市县政府执行职责。

 以案释法

- -

张风竹诉濮阳市国土资源局行政不作为案

基本案情：

2013年10月16日，张风竹向河南省濮阳市国土资源局（以下简称市国土局）书面提出申请，请求该局依法查处其所在村的耕地被有关工程项目违法强行占用的行为，并向该局寄送了申请书。市国土局于2013年10月17日收到申请后，没有受理、立案、处理，也未告知张风竹，张风竹遂以市国土局不履行法定职责为由诉至法院，请求确认被告不履行法定职责的具体行政行为违法，并要求被告对土地违法

行为进行查处。

审判结果：

濮阳市华龙区人民法院一审认为，土地管理部门对上级交办、其他部门移送和群众举报的土地违法案件，应当受理。土地管理部门受理土地违法案件后，应当进行审查，凡符合立案条件的，应当及时立案查处；不符合立案条件的，应当告知交办、移送案件的单位或者举报人。本案原告张凤竹向被告市国土局提出查处违法占地申请后，被告应当受理，被告既没有受理，也没有告知原告是否立案，故原告要求确认被告不履行法定职责违法，并限期履行法定职责的请求，有事实根据和法律依据，法院予以支持。遂判决：一、确认被告对原告要求查处违法占地申请未予受理的行为违法。二、限被告于本判决生效之日起按《土地违法案件查处办法》的规定履行法定职责。

市国土局不服，提出上诉，濮阳市中级人民法院二审认为，根据《土地违法案件查处办法》规定，县级以上地方人民政府土地行政主管部门对违反土地管理法律、法规的行为进行监督检查。上诉人市国土局上诉称2013年10月17日收到对土地违法行为监督的申请后，已进行了受理核查，但上诉人未及时将审查结果告知申请人，上诉人的行为未完全履行工作职责，违反了《土地违法案件查处办法》第十六条的规定。二审判决驳回上诉，维持原判。

典型意义：

本案典型意义在于：通过行政审判职能的发挥，督促土地管理部门及时处理群众举报，切实履行查处违法占地相关法定职责，以回应群众关切、保障土地资源的合法利用。土地资源稀缺、人多地少的现状决定了我国必须实行最严格的土地管理制度，但长期以来土地资源浪费严重，违法违规用地层出不穷，既有土地管理保护不力的原因，也有人民群众难以有效参与保护的因素。公众参与，是及时发现和纠正土地违法行为的重要渠道，也是确保最严格的土地管理制度得以实施的有效手段。依法受理并及时查处人民群众对违法用地行为的举报，是土地管理部门的权力，更是义务。本案的裁决对确保最严格的土地管理制度的正确实施和公众参与具有积极意义。

——摘编自中国法院网·2015年1月15日

越　位

完善行政组织和行政程序法律制度，是防止行政权力"越位"的重要手段。

——图片来源：人民网·2014年12月22日 徐骏/画

强化对行政权力的制约和监督

加强党内监督、人大监督、民主监督、行政监督、司法监督、审计监督、社会监督、舆论监督等制度建设，努力形成科学有效的权力运行制约和监督体系，增强监督合力和实效。

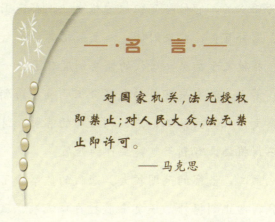

·名　言·

对国家机关,法无授权即禁止;对人民大众,法无禁止即许可。

—— 马克思

加强对政府内部权力的制约，是强化对行政权力制约的重点。对财政资金分配使用、国有资产监管、政府投资、政府采购、公共资源转让、公共工程建设等权力集中的部门和岗位实行分事行权、分岗设权、分级授权，定期轮岗，强化内部流程控制，防止权力滥用。完善政府内部层级监督和专门监督，改进上级机关对下级机关的监督，建立常态化监督制度。完善纠错问责机制，健全责令公开道歉、停职检查、引咎辞职、责令辞职、罢免等问责方式和程序。

史 话

唐朝对行政权力的监督与管控

在唐朝，中央一级的监察机构是御史台，长官为御史大夫，其职责是全面掌管中央和地方的监察事务。

御史台下设三院，即台院、殿院、察院。台院长官为侍御史，掌纠举百官，审查官员犯罪案；殿院长官为殿中御史，掌管殿廷仪卫及京师的纠察；察院长官为监察御史，职责是"巡按郡县"。监察御史为正八品，官位不高但权力极大，巡察范围广，各郡县的屯田、铸铁、选补官员、监决囚徒，以至祭祀宴会等无所不察。

相较之于秦汉，唐代的监察制度有了进一步的发展。

第一，对中央官员的监察分工明确。唐朝在台院设六察官，分别监察吏、礼、兵、工、户、刑六部的官员。这样各御史职责分明，遇事不得推诿，有利于监察工作的开展。

第二，监察的范围扩大。唐代的监察除了监察官吏的恶行，抑制豪强、防止割据外，还负责监控户口流散、赋役不均、农桑不勤等社会现象，以维护国家的财政收入稳定。

第三，把监察工作与官吏考核、人事任免工作结合起来。监察官必须在农历每年九月三十日前将监察对象的情况具状报吏部考功司，作为官吏升擢的依据之一。

第四，建立了对监察官的管理制度。一是规定监察的任职资格：必须具有地方行政长官的经历。二是规定了任职期限："十道按察史二周年一轮替"，防止他们交结权势，形成关系网。三是有激励措施。监察官易于迁升，这就激励他们勇于纠察，严整吏治。

可以说，正是这一套严谨的行政权力监督和管控机制推动了唐朝社会的巨大发展，开创出了"万方来朝"的盛唐气象。

——摘编自詹瑞明《中国古代监察制度评议》，《新闻世界》2009年9月刊 第177页

积极推行政府法律顾问制度

建立政府法律顾问制度是建设法治政府的迫切要求，是促进依法科学民主决策的重要保障。《中共中央关于全面推进依法治国若干重大问题的决定》提出建立政府法制机构人员为主体、吸收专家和律师参加的法律顾问队伍，保证法律顾问在制定重大行政决策、推进依法行政中发挥积极作用。积极推行政府法律顾问制度，有利于推进法治政府建设，有利于提升行政决策水平，有利于增强各级行政机关领导干部及工作人员法治水平，有利于加强法治工作队伍建设。

 践 行

福建持续推行政府法律顾问制度

近年来，福建全面推进依法治省、依法行政，各地建立起一支支素质高、能力强的政府法律顾问团作为政府的参谋，成效明显。

2001年9月，福建正式成立省人民政府法律顾问团，首次聘请了23位专家担任省政府法律顾问，表明了依法行政、依法治省的坚定决心。

2012年4月，厦门市海沧区人民政府聘请了9名资深律师担任区政府法律顾问。

截至2013年3月，南平市共有39名律师担任南平市及十县（市、区）的政府法律顾问，实现全市（县、区）两级政府法律顾问全覆盖。

2015年2月，龙岩市连城县首次聘请5名法学专家和执业律师为县政府法律顾问。

2015年4月，福州市晋安区出台《关于进一步促进晋安区律师业发展的实施意见》，要求区直部门、乡镇街道、村社区应建立法律顾问制度。

——根据新华网、闽西新闻网、海峡法治在线相关报道整理

福建省全面推行行政权力清单制度

福建于2015年1月1日起在全省范围内全面推行行政权力清单制度。权力清单制度建立有多个任务。首先是行政权力清理。清理事项包括行政许可、非行政许可审批、行政确认、行政处罚、行政强制、行政征收、行政征用、行政裁决、行政给付、行政监督检查以及法律法规规章规定的其他行政执法事项等。行政权力事项清理方法，包括取消、职权转移、职权下放、职权整合、职权保留等。

经过审核确认的行政权力清单，除涉及国家秘密及依法不予公开的外，应当通过行政服务中心、政府门户网站及时、完整、准确地向社会公开，主动接受社会监督。公开内容包括：行政权力的职权类别、项目名称、项目编码、实施机关、共同实施机关、实施依据、实施对象、办理时限、办理流程、收费依据和标准、服务方式、相对人权利、监督投诉途径等。

行政权力清单和运行流程图公布后，要将行政权力纳入网上运行，大力推进网上办事，依托网上平台固化行政权力行使程序，明确办理时限，公开办理过程，及时反馈办理结果；各权力实施单位应当在行政服务中心、政府门户网站公开办事指南，方便群众办事，接受群众监督。

制度设计上，福建省还明确要求健全违法行政责任追究制度，强化对行政不作为、乱作为的问责。按照行使权力承担相应责任的要求，开展权力行使情况检查和评估，对权力行使中的越位、缺位、错位行为，按有关规定视情予以相应的问责处理。

大道至简，有权不可任性。

—— 李克强（摘自《人民日报》2015年3月6日03版
《李克强作的政府工作报告》）

追 责

全面推进行政权力清单制度，要健全违法行政责任追究制度，强化对行政不作为、乱作为的问责，让官员犯错、"欠债"后不能以离任方式一走了之。

—— 图片来源：新华网·2013年12月10日，徐骏/画

深化福建省行政执法体制改革

积极推行综合执法，减少市县两级政府执法队伍种类，在食品药品安全、工商质检、公共卫生、安全生产、交通运输、规划建设、资源环境、兵员征集等领域内探索跨部门综合执法。加快推进城市管理综合执法体制改革。深化相对集中行政处罚权工作，条件成熟的县（市、区）实行相对集中行政处罚。严格执行行政执法人员持证上岗和资格管理制度，改革行政执法考试机制。深化依法行政和公正司法的良性互动机制，健全行政执法和刑事司法衔接机制，完善案件移送标准和程序，建立行政执法机关、公安机关、检察机关、审判机关信息共享、案情通报、案件移送制度。

 践 行

- -

福建省被列为全国交通运输综合行政执法改革试点

2014年12月，交通运输部印发了《关于开展全面深化交通运输改革试点工作的通知》，决定在全国开展九项改革试点工作。其中，福建省被列为全国交通运输综合行政执法改革试点。

综合行政执法改革试点由交通运输部法制司牵头，在河南、福建及广西桂林市先行启动，通过整合交通运输行政执法资源，实行综合执法，在试点地区逐步建立起机构设置及职能配置合理、运作协调高效、执法行为规范、执法保障有力的交通运输综合行政执法体制和运行机制。

改革试点的主要任务是明确交通运输综合行政执法机构职能；妥

善处理交通运输综合执法机构与交通运输主管部门、专业管理机构的关系，合理划分综合行政执法机构与专业管理机构的职责分工；加强交通行政执法队伍建设，明确执法经费来源渠道。

交通运输部要求各试点地区力争通过一年左右的实施，形成一批具有示范效应的试验成果和可复制、可推广的改革经验；两至三年，在全国更大范围内推行试点，发挥更大示范带动效应，不断将交通运输改革引向深入。

——摘编自东南网·2014年12月12日

福建省启动行政执法与刑事司法衔接信息共享平台

2014年4月29日，福建省行政执法与刑事司法衔接（简称"两法衔接"）信息共享平台启动工作会议在省检察院召开。福建省"两法衔接"信息共享平台于2013年12月底建成，依托政府电子政务网，覆盖省、市、县三级。全省各级检察机关、纪检监察机关、公安机关、行政执法机关按照各自权限统一在省级平台上进行网上移送、网上受理、网上监督，实现全省行政执法和刑事司法信息互联互通，将对促进福建省依法行政和保障公正司法起到积极作用。

——摘编自东南网·2014年5月2日

严格实行行政执法人员持证上岗和资格管理制度

行政机关是国家法律的实施机关，国家的法律是通过政府机关的行政行为来实施的，而政府的行政行为又是通过它的工作人员来具体落实的，所以一条法律能不能得到有效实施，很大程度上取决于我们的行政执法人员的能力和素质水平。行政执法人员在代表政府机关执法时所必然要涉及的两个问题，一是合法性，二是执法能力。合法性即执法人员是否有资格代表国家执法，执法能力是指在有资格代表国家执法的前提下，执法人员执法的水平高低。如果执法水平不高，那么在实际的操作中仍然会出现野蛮执法的现象，不但收效甚微或者起不到执法的效果，还会对国家行政机关的形象造成极其负面的影响。实行行政执法人员持证上岗和资格管理制度，就是要解决这两个问题。一方面通过上岗证使执法对象能够有效区分执法者是否具备行政主体执法资格。另一方面，执法人员必须经过专业的培训，学习相关业务和法律知识，经过一定考试认定以后，才给予颁发执法证书，经过这样的程序，提高执法人员的执法水平。

—·名 言·—

得其人而不得其法，则事必不能行；得其法而不得其人，则法必不能济。人法兼资，而天下之治成。

——海瑞（明）

践 行

福建省公共机构节能行政执法人员将持证上岗

2014年3月，福建省机关事务管理局与省法制办举办了全省公共机构节能行政执法培训及资格考试。负责公共机构节能的186人参加了培训，重点进行综合法律知识辅导、节能法律法规、执法检查注意事项等方面培训。培训结束后，省法制办举办了全省公共机构节能行政执法资格考试，152名同志通过行政执法资格考试，获得福建省人民政府颁发的"公共机构节能行政执法证"。今后，公共机构节能行政执法人员将持证上岗，着力提升依法行政理念和综合执法水平。

——摘编自福建省机关事务管理局网·2014年3月13日

 漫 评

向临时工执法说"不"

合同工、临时工执法，长期以来饱受社会诟病。对被聘用履行行政执法职责的合同工、临时工，应坚决调离行政执法岗位。

——图片来源：中国新闻网·2013年11月28日

建立重大决策终身责任追究制度及责任倒查机制

　　有权力就要有责任，为强化决策责任，《中共中央关于全面推进依法治国若干重大问题的决定》提出建立重大决策终身责任追究制度及责任倒查机制。对决策严重失误或者依法应该及时作出决策但久拖不决造成重大损失、恶劣影响的，严格追究行政首长、负有责任的其他领导人员和相关责任人员的法律责任。坚持"谁决策、谁负责"的原则，这样做有利于强化权责一致，切实做到有权必有责、用权受监督、违法必追究，有利于强化依法决策。作出重大决策必须坚持严格遵守法定权限，履行决策程序，保证决策科学化、民主化、法治化，有利于强化决策评估。决策执行中发现重大行政决策存在问题时，决策机关应当组织决策评估，充分听取各方面的意见，有利于强化责任追究。决策过程的各类主体必须同时承担相应的法律责任。对决策严重失误或者依法应该及时作出决策但久拖不决造成重大损失、恶劣影响的，不论时间过去多久，也不论是否调离原工作单位，都要严格追究行政首长、负有责任的其他领导人员和相关责任人员的法律责任；对决策承办单位或者承担风险评估、合法性审查等相关工作的单位及其工作人员违反决策规定、出现重大失误、造成重大损失的，也要严肃追究违法违纪人员的法律责任；对参与决定的专家、专业机构、社会组织等对重大决策严格失误负有责任的，也要依法追究相应法律责任并记入诚信档案。

践行

厦门将建合法性审查重大决策机制

2015年2月27日，厦门市政府办公厅对外公布了厦门市2015年推进依法行政建设法治政府工作要点。根据要点，厦门将建立重大决策终身责任追究制度及责任倒查机制，对违反科学民主依法决策规定，出现重大决策失误、造成重大损失、恶劣影响的，依法追究相关人员责任。

根据要点，厦门将推行行政权力清单制度，按照"谁行使、谁清理"原则，根据法律法规规章和本单位的行政职权，结合工作实际和推行行政执法责任制要求，对现有正在行使的行政权力事项进行全面梳理，经审核论证和核实的市级行政权力清单，按程序报市政府研究审定后对外公布实施。

——摘编自厦门网·2015年3月1日

 漫评

终身负责

官不终身责终身，
功过分明要较真。换岗
离职也无妨，追溯求源
刨老根。

——图片来源：《包头晚报》2012年3月19日 A05版，美堂/画

建立健全行政裁量权基准制度

行政裁量已成为现代行政的典型特征，大多数行政行为是基于行政裁量权作出的。在实际执行过程中，社会各界广泛关注的是行政处罚的"同案不同罚"现象。如果行政裁量权得不到有效的监督和控制，必然滋生腐败。

事实上，行政裁量权的存在有其必然性，只有授予行政管理人员一定的自由裁量权，才能对纷繁复杂的社会管理事务迅速作出判断与回应。从法律与行政的关系来看，法律的局限性是行政裁量权存在的内在根据。单从法律层面而言，法律不可能将社会现象完全加以规范，需要行政机关自主灵活地做出更有成效的管理。

建立和完善行政裁量权基准制度，就是要细化、量化执法基准，完善执法流程，健全配套制度，规范执法行为。行政裁量权基准制度的实施，可以解决行政执法裁量不当、处理畸轻畸重，同案异罚、宽严失度等情形，保障法律、法规、规章的实施，提高行政执法的公正性、裁量的合理性。党的十八届四中全会提出："建立健全行政裁量权基准制度。细化、量化行政裁量标准，规范裁量范围、种类、幅度。"这对建立健全行政裁量权基准制度提出了明确要求，将有力地推进行政执法领域行政裁量基准制度的建立完善。

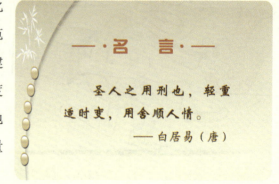

— ·名　言· —

圣人之用刑也，轻重逐时变，用舍顺人情。

——白居易（唐）

深化司法体制改革,支持司法机关依法独立行使职权,加强对司法活动的监督和制约,规范自由裁量权,促进公正高效廉洁执法。

—— 王岐山（摘自新华网2015年1月29日《王岐山在十八届中央纪委五次全会上的工作报告》）

 **名词解释**

行政裁量权

行政裁量权，又称行政自由裁量权，是行政机关根据法律规范设定的范围、限度、标准或者原则，在法定权限和法定职责范围内，针对一定的事项，自主决定处理行政事务的权力。

如《中华人民共和国安全生产法》规定，对因违法行为导致发生生产安全事故的主要负责人处以罚款额是2万元以上20万元以下。从2万到20万这样大的罚款弹性，是法律赋予行政机关的行政裁量权，即行政执法部门或行政执法人员可以根据危害程度、悔改补救措施等情节在此罚款弹性内，决定对相对人的处罚金额。

行政裁量权广泛存在于行政管理的各个领域，是现代行政的显著特征。

——摘编自中国共产党新闻网·2015年1月27日

践行

福建执行新交通行政处罚裁量权基准制度

自2013年11月1日起，福建省全省各级交通综合行政执法机构将执行新的《福建省交通行政处罚裁量权基准制度（试行）》（以下简称《裁量基准》）。《裁量基准》涉及省级交通综合行政执法机构的行政处罚权有393项，监督检查权有37项，行政强制权有26项，共计456项行政职权。

其中，针对福州市、厦门市制定的地方性法规或规章对出租车客运等违章行为的处罚标准与交通运输部制定的规章规定不一致的情况，《裁量基准》将允许当地根据社会经济发展水平，在《裁量基准》处罚幅度内制定本地区的行政处罚裁量基准，并公布实施。

《裁量基准》还加大了对不按规定期限检测客运车辆及超限运输车辆擅自行驶公路等行为的处罚力度，不按规定期限检测客运车辆由原来的超期1个月为一个档设定处罚提高到以10日为一个档次设定处罚；超限运输车辆擅自行驶公路的处罚将取消计算公式，采用分档计算，超限100%以内的，以超限10%为一个档次设定处罚，并保留了超限1吨及以下不予处罚的规定。

——摘编自东南网·2013年10月31日

推进各级政府事权规范化、法律化

中央和地方政府事权关系主要有独有事权、共有事权、委托事权三种情形。根据中央和地方政府在国家治理中的地位和作用，凡是有关国家整体利益、全局利益的事务，如国防、主权、外交等应该由中央政府处理；凡是有关地方局部利益和地方自主性、地方自主发展的事务应该归地方政府处理；而处理地方提供公共产品和公共服务这类事务的权限，必须在中央和地方政府间合理划分。只有将中央和地方政府三种事权以法律的形式作出规定，不同层级政府的事权划分才有基本的遵循。明确各级政府事权对于促进政府间各司其职、各负其责、各尽其能，充分发挥好中央和地方政府两个积极性具有重要作用，有利于完善不同层级政府特别是中央和地方政府事权法律制度，有利于强化中央政府宏观管理、制度设定职责和必要的执法权，有利于强化省级政府统筹推进区域内基本公共服务均等化职责，还有利于强化市县政府执行职责，充分发挥市县政府积极性，管理好本行政区域内的经济、教育、科学、文化、卫生、体育事业、城乡建设事业和财政、民政、公安、司法行政、监察等行政事务。

— ·名　言· —

不以喜以加赏，不以怒以加罚。

——晏婴（春秋）

推进综合执法

　　我国行政管理现在存在的主要问题是：一方面，纵向上多层重复设置队伍比较普遍，造成多层执法、重复执法。另一方面，横向上一些领域执法队伍设置过多过细。如同一领域多头执法，同一部门多机构执法，同一事项多机构执法，专司行政执法的机构也下设执法队伍，造成机构重叠。

　　为解决上述问题，党的十八届四中全会在推进综合执法上提出了两项新举措：一是大幅减少市县两级政府执法队伍种类。二是重点在食品药品安全、工商质检、公共卫生、安全生产、文化旅游、资源环境、农林水利、交通运输、城乡建设、海洋渔业等领域内推行综合执法，有条件的领域推行跨部门综合执法。这些新举措将有利于整合规范执法主体，相对集中执法权，加强基层执法力量，提升行政执法效能。

 -

福建整合相近执法队伍 杜绝多头执法重复执法

　　2014年11月，福建省政府出台《关于促进市场公平竞争维护市场正常秩序的实施意见》，着力解决市场监管多头执法、重复执法等问题，确保到2020年建成体制比较成熟、制度更加定型的市场监管体系。

　　《实施意见》提出，市场监管部门应直接承担执法职责，原则上不另设具有独立法人资格的执法队伍。一个部门设有多支执法队伍的，业务相近的应当整合为一支队伍；不同部门下设的职责任务相近或相似的执法队伍，逐步整合为一支队伍。清理取消没有法律法规依据、违反机构编制管理规定的执法队伍。整合规范市场监管执法主体，推进城市管理、文化等领域跨部门、跨行业综合执法，相对集中执法权。

——摘编自人民网·2014年11月24日

践行

联合执法，把好食品"进口"关

为宣传贯彻新修订的《食品安全法》，进一步规范进口食品市场。2015年7月，福清出入境检验检疫局联合福清市市场监督管理局开展进口食品类专项联合执法活动，对辖区部分商场、进口商销售的进口燕窝、进口肉类、进口奶粉等产品的入境检验检疫证明、卫生证书、标签、销售记录等进行检查，发现2家进口食品销售商不能提供入境检验检疫证明和卫生证书。通过联合执法，进一步规范了进口食品产品的经营行为，净化了进口食品市场秩序，有效提升了对进口食品的监管水平。

——材料来源：福清出入境检验检疫局

完善执法程序

完善执法程序是促进严格规范公正文明执法、提升执法质量和执法水平、深入推进依法行政的重要举措。实现党的十八届四中全会提出的完善执法程序目标，主要应从以下几个方面着手：

第一，建立执法全过程记录制度。执法活动包括立案、监督检查、调查取证、行政决定等多个环节，任何一个环节出现问题，都会直接影响案件质量和处理的效果。对执法活动全过程记录，是规范执法行为的重要基础和保障。

第二，明确具体操作流程。抓紧对与执法工作有关的法律、法规、规章和规范性文件进行清理，对制度缺失、规范冲突、要求不当的，抓紧开展立、改、废工作。在此基础上，坚持问题导向，从容易发生问题的执法环节入手，重点围绕行政许可、行政处罚、行政强制、行政征收、行政收费、行政检查等执法行为，按照标准化、流程化、精细化的要求，对行政执法的具体环节和有关操作步骤作出明确规定，便于执法人员掌握"干什么、怎么干、干到什么程度"，不断严密执法程序，强化执法指引，规范执法行为，堵塞执法漏洞，着力从源头上解决随意执法、粗放执法等突出问题。

第三，严格执行重大执法决定法制审核制度。严格执行重大执法决定法制审核制度，对重大行政执法决定，围绕决定的主体是否合法、认定的事实是否清楚、证据是否确凿、程序是否正当、适用法律是否准确、处罚幅度是否适当等进行审核，未经法制审核或者审核未通过的，不得作出决定，对审核中发现的问题，责令有关部门及时纠正，切实提高执法质量和执法水平。

文摘

执法全过程记录，表面看是执法行为的保存，在法理方面，实际上是对法律尊严和对当事人权益的维护。在依法治国的方略下，推行执法全过程记录制度，是保证执法公平公正的重要手段。

——张钟书《完善执法程序保证执法质量》（光明网·2014年11月27日）

棒打拦路虎

棒打乱执法、不执法等拦路虎，让老百姓路路畅通。

——图片来源：新华网·2014年10月19日，商海春/画

全面推进政务公开

党的十八届四中全会从政务公开的原则、制度、重点、载体等方面，对全面推进政务公开提出了要求。

第一，坚持以公开为常态、不公开为例外，推进决策公开、执行公开、管理公开、服务公开、结果公开。同时，限制公开的事项应当严格按照法律法规规定的条件和程序确定。

第二，依据权力清单公开政府权力。按照职权法定的原则，以清权厘权、减权简权、确权制权为目标，对行政许可、行政处罚、行政强制、行政征收、行政收费、行政检查等行政权力进行全面梳理，明确地方各级政府及其工作部门依法能够行使的职权范围，编制权力目录。

第三，依法公开涉及公民、法人或其他组织权利和义务的规范性文件，应当予以公布，未经公布的不得作为行政管理的依据。

第四，推行行政执法公示制度。通过推行执法公示制度，强化对行政执法活动的监督，规范行政执法行为。

第五，推进政务公开信息化。适应社会发展需要，充分运用信息技术手段，发挥互联网政务信息服务平台和便民服务平台的作用，丰富公开内容，创新公开方式，提供便捷的执法公开服务。

— ·名 言· —

仁足以使民不忍欺，智足以使民不能欺，政足以使民不敢欺。

—— 王安石（宋）

践 行

福州市行政服务中心开通官方微信 市民可享多项服务

2013年12月26日，福州市市行政服务中心在全省率先推出了微信服务。

福州市行政服务中心的官方微信为企事业、法人单位以及办事群众提供本级政府的行政审批和公共服务的信息查询。市民只要进入微信通讯录中的服务号，点击右上角"+"号，搜索"福州市行政服务中心"，然后进行关注即可。

关注后，市民可以享受办事指南、咨询电话、办件查询、预约服务、天气查询等多项服务，还可以查询中心简介、楼层分布、中心地图，甚至进行投诉监督。

——摘编自《福州晚报》2013年12月27日A13版

五·公正司法

努力让人民群众在每一个司法案件中感受到公平正义

2013年2月23日，习近平总书记在中央政治局第四次集体学习时指出，要努力让人民群众在每一个司法案件中都感受到公平正义，所有司法机关都要紧紧围绕这个目标来改进工作，重点解决影响司法公正和制约司法能力的深层次问题。

司法工作者要密切联系群众，规范司法行为，加大司法公开力度，回应人民群众对司法公正公开的关注和期待。要确保审判机关、检察机关依法独立公正行使审判权、检察权。

执法者必须忠实于法律。各级领导机关和领导干部要提高运用法治思维和法治方式的能力，努力以法治凝聚改革共识、规范发展行为、促进矛盾化解、保障社会和谐。要加强对执法活动的监督，坚决排除对执法活动的非法干预，坚决防止和克服地方保护主义和部门保护主义，坚决惩治腐败现象，做到有权必有责、用权受监督、违法必追究。

各级党组织必须坚持在宪法和法律范围内活动。各级领导干部要带头依法办事，带头遵守法律。各级组织部门要把能不能依法办事、遵守法律作为考察识别干部的重要条件。

— ·名 言· —

法不阿贵，绳不挠曲。法之所加，智者弗能辞，勇者弗敢争。刑过不避大臣，赏善不遗匹夫。

——韩非（战国）

先锋模范

- -

八闽楷模黄志丽

　　2014年福建省委作出"向黄志丽同志学习"的决定，并将她确定为福建省最高规格的先进典型——"八闽楷模"。

　　被群众称为"知心法官"的黄志丽是漳州市芗城区人民法院民一庭副庭长，福建省第十二届人大代表。她长期扎根基层，从事民事审判工作11年来，认真履职，为民司法，公正司法，廉洁办案，先后审结民商事案件5000余件，无一发回重审，无一撤销改判，无一申诉信访，无一投诉举报，成为群众信赖的好法官。

　　黄志丽同志长期扎根基层法院，以化解社会矛盾为己任，忠诚履职，秉公办案，为维护司法公正做出了不懈的努力，用责任和爱心诠释法律的庄严和温暖，在平凡的岗位上作出了不平凡的业绩。

　　她创新多元调解，深入社区乡村熟悉民风民俗，用群众的语言聊法律，以法官的亲和消弭当事人的隔阂，让"黄志丽法官工作室"成了群众家门口的"小法院"，案件调解撤诉率达90%以上。黄志丽先后荣立个人一等功和二等功，还曾获得"全国法院办案标兵""全国优秀法官""全国最美基层法官""全国模范法官""全国最美基层干部"等荣誉称号，还入选"中国好人榜"。

——摘编自东南网·2014年12月31日

向心力

公平正义是凝聚人民的向心力。

——图片来源：光明网·2015年5月2日，赵乃育/画

确保依法独立公正行使司法权

我国宪法明确规定：人民法院和人民检察院依法独立行使审判权、检察权，不受行政机关、社会团体和个人干涉。在实践中，通过一系列重要制度安排和程序设计，确保司法机关依法独立公正行使职权。

同时我们也看到，目前在保障依法独立公正行使司法权方面还存在不少问题，尤其是以权压法、干预司法的现象还比较突出，社会反映比较集中。针对这些问题，党的十八届三中全会提出，要推动省以下地方法院、检察院人财物统一管理，探索建立与行政区划适当分离的司法管辖制度等，这些改革举措正在扎实推进。党的十八届四中全会针对司法领域存在的突出问题，着眼确保依法独立公正行使司法权，从内外两个方面作出了进一步的具体部署。在排除来自外部的干预方面，建立领导干部干预司法活动、插手具体案件处理的记录、通报和责任追究制度。在排除来自内部的干扰方面，围绕明确司法机关内部各层级权限、健全内部监督制约机制，推出了一系列新的制度规定，其目的就是为司法人员独立办案"撑腰打气"，解除后顾之忧。

可以说，确保依法独立公正行使司法权，是我国司法制度一贯坚持的重要理念，也是司法体制改革的努力方向。

—— ·名　言· ——

法官是法律世界的国王，除了法律就没有别的上司。

—— 马克思

先锋模范

刘龙清：一刀一笔，守护司法诚信

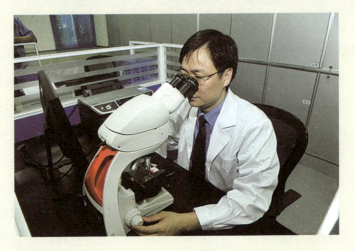

    法医是死者的转述者。转述真实与否，关乎司法诚信。作为"福建首届十大法治新闻人物"、漳州市检察院副主任法医师的刘龙清，便是一个公正的转述者。从业17年，他凭借一刀一笔，解剖尸体268具，文证审查和出具司法鉴定意见13579件，发现并纠正错误鉴定意见397件，且无一错案。刘龙清说："我们通过CT片子、尸体、伤口等无声的物体来维护法律的尊严，避免冤假错案，恪守司法诚信。小到邻里掐架，大到交通事故，都需要法医为老百姓还原事实，厘清是非，只有坚守司法诚信，才能让老百姓相信并认同司法。"

    1998年刘龙清初任法医师。当时，芗城区石亭镇董坑村村民宋某秀与林某花因田地归属问题而斗殴。争执中，林某花额部遭对方用钝器致伤。事后，林某花向公安机关出具一份验伤报告，称其伤口长达4.5厘米，属轻伤。宋某秀因此构成刑事犯罪，其丈夫却因无法支付高额的赔偿费用而上吊自杀。

在案件审查中，刘龙清发现林某花的伤口不过2.5厘米，只属轻微伤。原来为了索要更高赔款，林某花夫妇向医生行贿200元，将伤口扩创2厘米，以达到轻伤标准。

刘龙清遂向公安机关指明该案存在伤情造假。

"一个错误的鉴定导致了一个人的自杀，这让我感受到司法诚信的重要性。"刘龙清感慨道，"守护司法诚信要有如履薄冰的态度。一定要认真对待每一份鉴定材料，耐心听取申诉人意见，做到疑点不放过，严防差错和工作失误。"

同年，刘龙清接手了一起故意伤人案，原告向公安机关出具了一份CT报告，报告显示其左额骨眉弓骨折，属轻伤偏重，该鉴定结果被公安机关法医处采纳，被告因推倒原告致其受伤被批捕。

刘龙清从伤者的头皮损伤检验发现，仅有后枕一处头皮血肿，其余未见异常。"这和医院出具的CT片子明显不符啊。"他大胆认定，CT片被顶包了。不久，县检察院便撤销了对被告的逮捕，当事人获得清白。原告得知鉴定结论被推翻，坚称刘龙清"徇私舞弊，乱改鉴定"，并向有关部门实名举报。

"我相信自己的专业鉴定。"第一次主办案件就遭遇"麻烦"，刘龙清并不后悔，"守住司法诚信，远比个人前途来得重要。"最终，有关部门通过调查，证实并认可了这一鉴定结果。

刘龙清并不局限于就案办案，而是尽可能从个案中总结经验，推动司法诚信的进步。他以专业视角撰写论文《4例伪造CT片的法医学分析》，用公正的司法精神向政法委提交打击伤情造假的报告，推动漳州市开展伤情造假专项治理活动，让伪造CT片的现象在漳州绝迹长达十余年。

——摘编自《福建日报》2015年7月21日第5版

建立领导干部干预司法活动、插手具体案件处理的记录、通报和责任追究制度

　　党对政法工作的领导是管方向、管政策、管原则、管干部，不是包办具体事务，不是越俎代庖，领导干部更不能借党对政法工作的领导之名对司法机关工作进行不当干预。但在实践中，一些党政领导干部法制意识淡薄，对如何正确处理坚持党的领导和确保司法机关依法独立公正行使职权的关系认识不清，把握不准。以明示、暗示方式插手干预司法个案，影响法院、检察院依法独立公正行使职权，严重损害司法公正、公信和权威，极易诱发和滋生司法腐败，动摇人民群众对司法的信赖和信心。

　　十八届四中全会明确要求，各级党政机关和领导干部要支持法院、检察院依法独立公正行使职权。建立领导干部干预司法活动、插手具体案件处理的记录、通报和责任追究制度。任何党政机关和领导干部都不得让司法机关做违反法定职责、有碍司法公正的事情，任何司法机关都不得执行党政机关和领导干部违法干预司法活动的要求。对干预司法机关办案的，给予党纪政纪处分；造成冤假错案或者其他严重后果的，依法追究刑事责任。

 践 行

闽建立干预案件记录制 领导过问案件将全程留痕

　　打招呼、递条子，领导干部和法院内部人员过问案件将"全程留痕"。2015年10月10日，福建省高级人民法院召开新闻发布会称，

将建立干预过问案件记录制度，对违反相关规定的人员进行通报和责任追究。

我国宪法明确规定，人民法院依照法律规定独立行使审判权，不受行政机关、社会团体和个人的干涉。但在实践中，内外部干预过问案件的现象确有发生，导致"关系案、金钱案、人情案"的问题时有发生。

针对这一问题，今年初，中共中央下发了关于《领导干部干预司法活动、插手具体案件处理的记录、通报和责任追究规定》，中央政法委也出台了《关于司法机关内部人员过问案件的记录和责任追究规定》。2015年8月19日，最高人民法院下发了落实中央、中央政法委规定的两个实施办法。为贯彻关于防止干预过问案件的相关规定，保障人民法院依法独立公正行使审判权，福建省高院制定下发了"两个实施细则"。

"两个实施细则"规定，无论任何组织、个人，无论何种形式过问案件，只要是程序之外涉及具体案件的信息，各级法院都要如实做好记录工作，做到全程留痕、永久存储、有据可查。法院应当每季度对外部、内部人员过问案件信息内容进行汇总分析，报送同级党委政法委和上一级人民法院。同时，对法院工作人员不如实记录、不将过问案件有关资料存入案件卷宗的行为，视情给予警告、通报批评、纪律处分。法院工作人员如实记录后，如在考评、晋升、履职等方面遭受到特定组织、个人的刁难打击和报复时，也可以向上一级法院提出控告。

——摘编自《东南快报》2015年10月11日A2版

我们的**法治**观念

史 话

中国古代法律象征——獬豸（xiè zhì）

獬豸也称解廌或解豸，是古代传说中的异兽，体形大者如牛、小者如羊，类似麒麟，全身长着浓密黝黑的毛，双目明亮有神，额上通常长一角，俗称独角兽。它智慧高超懂人言知人性，怒目圆睁能辨是非曲直，也能够识别善恶忠奸，发现奸邪的官员就用角将其触倒并吃掉。帝尧的刑官皋陶曾饲有獬豸，凡遇疑难不决之事，悉着獬豸裁决，均准确无误。

作为中国传统法律的象征，獬豸一直受到历朝历代的推崇。相传春秋战国时期，仿照獬豸形貌而制的獬豸冠在楚国成为时尚。秦、汉时期执法御史都带着獬豸冠，东汉时候则将皋陶像与獬豸图当作衙门中不可缺少的饰品，獬豸冠被尊为法冠，执法官也尊称为獬豸。到了清代，御史、按察使等监察司法官员仍一律戴獬豸冠，并穿着绣有獬豸图案的补服。直到今天，我国一些法院门口仍可看到护门神兽獬豸的身影。

建立司法机关内部人员过问案件的记录制度和责任追究制度

让人民群众在每一个司法案件中感受到公平正义，基本的一条，就是要求司法人员在办案活动中恪守法律，廉洁秉公，不徇私情。但在实践中，一些司法机关内部人员利用上下级领导、同事、熟人等关系，通过各种方式打探案情、说情、施加压力，非法干预、阻碍办案，或者提出不符合办案规定的其他要求，严重干扰司法人员秉公办案，影响案件的公正处理，严重损害司法公信力。

根据党的十八届四中全会精神，中央政法委员会第十六次会议审议通过了《司法机关内部人员过问案件的记录和责任追究规定》，架起了司法机关内部人员过问案件的"高压线"。主要有五方面具体举措：一是明确要求司法机关办案人员应当拒绝内部人员干预、说情或者打探案情等不当要求；二是建立司法机关内部人员过问案件的记录制度；三是规定司法机关内部人员违反规定干预办案的调查处理职责与程序；四是建立司法机关内部人员违反规定干预办案的通报制度；五是建立司法机关内部人员违反规定干预办案，或者对办案人员进行打击报复的责任追究制度。

— ·名　言· —

凡临凝结而能断，操绳墨而无私。

——葛洪（晋）

漫评

自净行动

　　建立司法机关内部人员过问案件的记录制度和责任追究制度是行之有效的司法机关"自净行动"之一。

　　　　　　　　——图片来源：《闽西日报》2014年7月10日第3版，朱慧卿/画

建立健全司法人员履行法定职责保护机制

　　为了解除司法人员的后顾之忧，培育和呵护司法人员公正司法的职业品格，《中华人民共和国法官法》第8条和《中华人民共和国检察官法》第9条都规定，法官（检察官）非因法定事由、非经法定程序，不被免职、降职、辞退或者处分。但这一规定还很不完善，在实践中执行得也不好。一些地方党政机关和领导干部利用其掌管人财物的便利干预司法活动，在法院、检察院内部，也存在将按照法定职责独立公正办案，抵制内部干预，不看领导眼色、不听招呼的法官、检察官，违反法定事由和程序调离审判、检察业务岗位的现象。这些都使法官、检察官无法恪尽职守、公正独立履行职责。

　　党的十八届四中全会提出建立健全司法人员履行法定职责保护机制，强调非因法定事由，非经法定程序，不得将法官、检察官调离、辞退或者作出免职、降级等处分。这是确保法官、检察官依法独立公正行使职权的重大改革举措，对于切实保障法官、检察官严格司法、秉公办案，有效防止个别人利用职权干涉司法，具有重要意义。

 史 话

- -

楚庄王严正律法

　　春秋时期，楚庄王制定的《茅门法》明文规定：大臣、贵族和各位公子进入朝廷时，如果他们的马蹄踩到了屋檐下，负责执行此法的廷理就要砍断他们的车辕并杀掉为他们驾车的人。

有一天，太子在进入朝廷时他的马踩到了屋檐下，廷理根据《茅门法》砍断了他的车辕并杀掉了为他驾车的人。太子非常生气，愤怒地向楚庄王告状："父王，廷理竟然因为这点小事情就杀了我的马夫、砍断了我的车辕，这是对我的侮辱，也是对您的不尊重，您要为我把廷理杀了。"楚庄王说："那些执法严明的人是对我们江山社稷负责的好臣子，我们不加以保护、重用已经对不起他们了，怎么可以杀掉呢？"

 漫评

拿走"警告函"

只有除去少数党政机关、领导干部干预司法活动的"警告函"，才能使法官、检察官们无后顾之忧地恪尽职守、公正独立履行职责。

——摘编自《深圳商报》2010年6月29日A12，王成喜/画

改革法院案件受理制度

在现实中，人民群众对民事、行政案件到法院立案难反映十分强烈。立案难主要由以下几个方面的原因造成：一是现行法律对起诉条件过于苛刻，受理门槛过高，限制了公民诉权。二是法院由于种种原因，对本应立案的不予受理。三是法律对法院不立案既没有要求说明理由，又没有规定救济途径，致使当事人对法院应当受理而不受理的裁定只能无可奈何。

党的十八届四中全会提出改革法院案件受理制度，可从以下几个方面理解：一是变立案审查制为立案登记制。对人民法院依法应当受理的案件，当事人只要向法院提交了符合要求的起诉状，法院无须进行审查就应立案登记，不得拒收当事人的起诉状。二是准确告知立案材料要求。避免当事人多次往返、反复修改。三是方便群众诉讼立案。建立预约立案制度，积极做好特殊情况的节假日立案工作。四是设立对于法院无正当理由不予立案的裁定的司法救济程序，保障诉权行使。

 践 行

福建大力推进立案登记制改革

2015年4月27日，福建法院立案登记制改革视频会在福州召开。会议要求全省各级法院要以党的十八届三中、四中全会精神和习近平总书记系列重要讲话为指导，坚持以宪法和法律为依据，以群众需求为导向，从解决实际问题入手，对依法应该受理的案件做到有案必立、有诉必理，切实保障当事人诉权，从制度上、源头上解决人民群众反映强烈的"立案难"问题。

——摘编自人民网福建频道·2015年4月27日

开　道

立案登记制是法院为人民解决纠纷"勾画"的"绿色通道"——"坚持有案必查、有腐必惩，做到有群众举报的要及时处理"。

——图片来源：凤凰网·2015年5月6日，商海春/画

完善行政诉讼体制机制

行政诉讼制度是引导人民群众以合法、理性的渠道通过诉讼程序，通过人民法院正确、及时审理行政案件，保护公民、法人和其他组织的合法权益，维护和监督行政机关行使职权的一种制度。这种制度设计是以法治的方式、法治的思维化解"官"民矛盾的有效途径，也是提升各级行政机关依法行政水平的重要机制。

《行政诉讼法》的贯彻落实，社会普遍反映存在"三难"：一是立案难。法院在受理"民告官"案件时，常受到来自当地政府阻挠立案的干预，不愿受理或者不敢受理。二是审理难。有的地方政府以各种方式阻挠、拖延开庭审理。三是执行难。有的地方政府及其所属部门对于自己败诉的案件，在执行上往往不予配合。

针对这些存在的问题，党的十八届四中全会提出了三大举措。一要完善行政诉讼体制机制，合理调整行政诉讼案件管辖制度，对可能受到干扰的行政案件，适当提高行政诉讼案件的级别管辖、对行政诉讼案件采取指定管辖或者异地集中管辖等方式审理。二是通过法院设立巡回法庭和设立跨行政区划的人民法院，公正审理行政案件。三是"健全行政机关依法出庭应诉、支持法院受理行政案件、尊重并执行法院生效裁判的制度"。

践 行

减轻当事人"讼累" 福建法院推出"跨域"立案

2015年10月起,福建法院在全省范围内打破行政区划限制,对属于省内异地各中级法院和基层人民法院管辖的第一审民商事、行政和申请执行案件,当事人可就近选择具备"跨域"立案服务的中级、基层法院或人民法庭办理立案事务,要求他们为当事人提供接受立案申请、收转起诉材料,代为送达立案法律文书等"跨域"立案服务。

福建省高级人民法院9月在泉州召开的新闻发布会上,副院长何鸣介绍说,福建山海差距大、民营经济活跃,异地诉讼纠纷多,群众打官司时往往需要多次往返,费时费力。

何鸣表示,"跨域"立案不改变相关法律关于案件管辖权的规定,仍然由受诉法院进行立案审查,制作收件告知书、受理通知书或不予受理裁定书等文件,加盖该法院的电子印章,通过网络系统推送给异地收件法院。收件法院下载并打印收件告知书、受理通知书或不予受理裁定书等文书送达当事人,并将送达回证传回受诉法院。

何鸣说:"'跨域'立案服务是推广泉州法院今年年初推出的'跨域、连锁、直通'诉讼服务模式。今年1月起,泉州在中级法院、11个基层法院、42个人民法庭建立连锁联动、互联互通的诉讼流程运行新机制,为当事人就近办理跨域立案10410件,诉前及立案调解83件。"

——摘编自新华网·2015年9月21日

探索建立检察机关提起公益诉讼制度

公益诉讼是指对损害国家和社会公共利益的违法行为，由法律规定的特定国家机关和组织向人民法院提起诉讼的制度。公益诉讼分为民事公益诉讼和行政公益诉讼。

我国现行《行政诉讼法》尚未规定公益诉讼制度。有鉴于此，为了充分发挥检察机关法律监督职能作用，依法有效维护国家和社会公共利益，党的十八届四中全会《决定》提出"探索建立检察机关提起公益诉讼制度"。

检察机关是提起公益诉讼的合适主体。一是通过行使检察权，保障法律统一正确实施，维护国家和社会公共利益，是法律监督应有之义。二是在体制上，检察机关由人大产生，向人大负责，不受行政机关干预，其独立的法律地位决定了其没有地方、部门利益的牵涉，适合代表国家和社会公共利益提起诉讼。三是检察机关作为国家司法机关拥有法定的调查权，相比较社会团体、组织能够较好地解决调查取证和举证困难的问题，为维护国家和社会公共利益提供更加有力的保障。四是检察机关负有支持行政机关依法行政和维护司法权威的责任。

江苏泰州1.6亿元环境公益诉讼案

这起案件始于2011年，当时戴卫国、姚雪元等人买来危险品运输车辆、船舶，以从事废酸销售的名义，与泰兴经济开发区的多家化工企业联系，将企业产生的废酸直接倒入内河，由企业付费。这些运输废酸的船舶都经过改装，一船2吨重的废酸8分钟就能倒完。几个月的时间，几人将两万余吨的废酸直接倾倒进如泰运河、古马干河，导致水体污染严重。2013年2月，戴卫国、姚雪元等人在向古马干河倾倒废酸时，被环保部门现场抓获。2014年8月，泰兴市人民法院以戴卫国等14人犯污染环境罪判处有期徒刑五年零九个月至两年零三个月不等，并处罚金16万元至41万元不等。

2014年9月10日，此案民事赔偿部分由泰州市中级人民法院开庭审理。庭审中，作为原告的泰州市环保联合会称，江苏常隆农化有限公司、泰兴锦汇化工有限公司等六家企业非法处置危险废物，导致河流受到严重污染，损害了生态环境的安全，危害了公众身体健康和正常的生产生活需要，应当承担环境污染损害的赔偿责任，请求法院判决这6家企业共计赔偿1.65亿余元。

泰州中院经审理查明，在2012年1月至2013年2月间，被告违反法律规定，将产生的25934.795吨废酸，提供给无危险废物处理资质的主体偷排于如泰运河、古马干河，导致水体严重污染。经评估确定，这些废酸造成的环境污染损害，修复费用为1.6亿余元。在经历了10个小时的庭审后，法院一审当庭判决：6家化工企业赔偿环境修复费用160666745.11元，用于泰兴地区的环境修复。

2014年12月4日，该案二审在江苏省高级人民法院正式开庭。主审法官由江苏省高级人民法院院长许前飞担任，江苏省人民检察院副检察长邵建东出庭支持起诉。25天后，江苏省高级人民法院作出终审判决：6家企业因违法处置废酸污染水体，赔偿环境修复费用1.6亿余元。

在这场被贴上了众多标签的诉讼中，检察机关出庭支持诉讼，颇引人关注。由于二审开庭前不久，党的十八届四中全会提出要探索建立检察机关提起公益诉讼制度，有媒体评价："这注定将载入环境公益诉讼的史册。"

——摘《人民法院报》2014年12月5日第3版

践 行

福建公益诉讼第一槌

2014年12月17日，龙海市人民法院公开开庭审理龙海市人民检察院提起公诉的被告人洪某、姚某污染环境一案，同时对原告龙海市人民检察院以洪某、姚某为被告提起的民事公益诉讼进行合并审理。和普通案件不同的是，该案的原告是龙海市检察院。为修复受损环境，龙海市检察院以原告身份提起公益诉讼，向两名违法行为人追讨20万元排污费。这是贯彻党的十八届四中全提出的"探索建立检察机关提起公益诉讼制度"后福建检察机关提起的首例民事公益诉讼案件，庭审同时进行了官方微博直播。

——摘自福建法院网·2014年12月22日

向污染宣战，要看到检察官的身影。

——图片来源：《检察日报》2015年1月14日第9版，姚雯/画

推进以审判为中心的诉讼制度改革

　　审判是诉讼活动的最后程序，证据是公正司法的质量根基，庭审是诉讼活动的关键环节。充分发挥审判程序的最后把关，牢牢坚守证据裁判原则，是确保案件质量和司法公正的重要保障。党的十八届四中全会《决定》提出推进以审判为中心的诉讼制度改革，抓住了保证司法公正的"牛鼻子"，反映了我们党对司法工作规律认识的进一步深化，为完善我国诉讼制度指明了方向。"推进以审判为中心的诉讼制度改革"并不是以法院为中心，而是强调公检法三机关的办案活动都要围绕法庭审判进行。这就要求侦查、审查起诉机关必须更新诉讼理念，切实以经得起法律检验、符合法庭审判的标准，严格依法收集、固定、保存、审查、运用证据，依法保障当事人的诉讼权利，夯实案件审判的质量根基；要求审判机关必须更加重视庭审，切实提高庭审驾驭能力，严格落实证人、鉴定人出庭制度，着力改变庭审走过场的问题，保证庭审在查明事实、认定证据、保护诉权、公正裁判等方面发挥决定性作用；全面贯彻证据裁判规则，认定案件事实必须以证据为根据，认定有罪必须达到排除合理怀疑的证明标准，对定罪证据不足的案件必须坚持疑罪从无的原则。

── ·名　言· ──

罪疑惟轻，功疑惟重。与其杀不辜，宁失不经。

—— 《尚书·大禹谟》

文摘

只有坚持以庭审为中心，将诉讼各方的注意力聚集到审判法庭上来，才能为各项刑事司法理念的贯彻落实提供比较合适的载体和比较坚实的基础，把法律面前人人平等、尊重和保障人权、罪刑法定、罪责刑相适应、控辩平等、程序正义等理念和原则不折不扣地落实到每一个案件中。

——程慎生《推进以审判为中心的诉讼制度改革》（人民网·2015年1月6日）

 史 话

世界法医学鼻祖宋慈：法治精神长存

建阳童游的宋慈广场

在福建省建阳市崇雒乡，有一个叫昌茂坊的小村落，被众多专家所认定的世界法医学鼻祖——宋慈即长眠于此。

宋慈，何许人也？

李约翰等人的近代科技史著作则从"伟大的法医学家""世界上最早的法医学专著"的角度来论其人、评其书。按今日法医学界的界定，宋慈当之无愧为当世法医学鼻祖。

1186年，宋慈出生于建阳童

133

游镇。其祖上为唐朝著名宰相宋璟，其父宋巩曾任广州节度推官，家境小康。10岁时，少年宋慈从学朱熹的高足吴稚。20岁进京入太学，深得太学博士真德秀的赏识。29岁，中进士，授浙江鄞县县尉，但遇父病而未赴任。

1226年，宋慈走上仕途。是时，赣闽地区民贫、地狭、人稠，民反和兵乱频发。几经周转，宋慈"武略"初显。这位廉政爱民、执法严明、"忠勇过武将"之士，历任四省提刑官，开启了世界法医学之门。

1240年，宋慈迁任广东提点刑狱，主管此地的司法、刑狱和监察。此时，广东疑难积案甚多，当地官吏"多不奉法"，民怨颇深。初入此地，宋慈即深入实地调查，清理了一批重大的悬案、要案和冤假错案，从200多名待处决的死囚中，救出了一批无辜者。旋即，这位事必躬亲的提点刑狱，声名大震。此后数年间，宋慈又转任南方诸省。"慈于狱案，审之又审，不敢萌一毫慢易之心。""或有疑信未决，必反复深思。"这是宋慈的办案体会，也是后来写作著名的《洗冤集录》时的鲜活素材。

"狱事莫重于大辟，大辟莫重于初情，初情莫重于检验。"这是被后世誉为法医学开山之作的《洗冤集录》的开篇语。《洗冤集录》对法医学的影响极为深远。这部巨著撰成于1247年冬，编撰目的是"洗冤泽物，起死回生"，更好地为被冤屈者"理雪澄冤"。宋理宗对此书大为欣赏，盛赞一个闽北山沟里走出来的提刑官有此巨著颇为不易，下令颁行全国，要求办理刑案的官吏人手一册，奉为圭臬，而这部世界上首部法医学专著，比意大利人佛图纳图·菲得利的同类著作早了350多年。

"以才业奋历中外，当事任，立勋绩，名为世卿者垂二十载，声望与辛王二公相颉颃焉……"1259年，宋慈逝世十年之后，他的好友刘克庄写下了这样的墓志铭来悼念这位法医学巨擘。

——摘编自《福建日报》2015年4月2日第9版

探索设立跨行政区划的人民法院和人民检察院

党的十八届四中全会《决定》提出设立最高人民法院巡回法庭，审理跨行政区域重大行政和民商事案件。这有利于纠纷就地解决，方便当事人诉讼，排除地方保护主义干扰；有利于最高人民法院本部集中精力制定司法政策和司法解释，发布指导性案例，审理对统一法律适用有重大指导意义的案件，监督指导全国法院的审判工作，更好地服务党和国家工作大局；有利于减轻首都地区维稳压力，防范当事人在特定敏感时期制造极端事件；有利于贯彻党中央关于就地就近化解矛盾纠纷、方便人民群众诉讼的精神和要求。

探索设立跨行政区划的人民法院和人民检察院，办理跨地区案件。这有利于排除地方保护主义等非法因素对审判工作和检察工作的干扰，实现司法的公正、公信和权威；有利于科学构建普通案件在行政区划人民法院和人民检察院办理、特殊案件在跨行政区划人民法院和人民检察院办理的诉讼格局；有利于贯彻党中央关于保障人民法院和人民检察院依法独立公正行使职权的要求。

 践 行

- -

南平中院挂牌成立武夷新区巡回法庭

2015年6月3日，南平市中级人民法院武夷新区巡回法庭揭牌仪式在武夷新区举行。作为南平中院的派出机构，巡回法庭将集中审理与武夷新区的新城发展紧密相关的征地补偿、建设工程、融资借贷、

劳动争议等案件，提供就地受理法律咨询、立案申请、诉讼调解、庭审安排、流程查询、判后答疑等司法服务，做好征地拆迁、诉讼案件等诉前化解，并积极开展普法宣传工作。

——摘编自东南网·2015年6月3日

地方保护主义不得阻挠办案

排除地方保护主义对法检办案的干扰，保证司法公正。

——图片来源：《上海证券报》2007年4月3日第5版

构建开放、动态、透明、便民的阳光司法机制

所谓开放、动态、透明、便民的阳光司法机制是一个统一、完整的体系。就开放来说，要求破除司法工作神秘化的认识和做法，让司法走近民众，让民众参与司法。就动态来说，司法公开是一个长期、持续、不断深化、与时俱进的过程。司法公开只有进行时，没有完成时；只有起点，没有终点。就透明来说，是指司法公开是切切实实的公开，真正把司法工作置于人民群众监督之下，而不是标签和空洞的口号，不是作秀、摆花架子。就便民来说，是指司法公开的目的和实际效果是方便当事人和其他诉讼参与人，方便群众，简单实用，方便快捷。如司法机关官方网站设立司法人员违法违纪举报专区、律师阅卷网上预约等。不能搞诉讼繁琐主义，增加当事人讼累和群众负担。

先锋模范

- -

人民满意的政法干警——张嵘

张嵘现任厦门市思明区人民法院党组成员、副院长、审判委员会委员、审判员，在审结的1800多起案件中无一超审限、无一错案、无一矛盾激化，获得了全国先进工作者、全国模范法官、省人民满意的好法官、人民满意的政法干警等多项荣誉。

扎根审判一线二十余年，张嵘办案快、

质量高，尤以阳光司法便民利民著称。在司法工作中，他始终将群众利益记在心中，曾组织设立"交通法庭""司法管家"等便民举措，得到群众的广泛赞誉。在一线办案期间，他组织建设"无讼社区"，总结出了"七调四法"（"七调"即送达调、答辩调、听证调、即时调、庭审调、庭外调、庭后调，把调解贯穿于整个审判过程；"四法"即以情感人法、心理缓和法、角色互换法、借助外力法）的科学调解方法，推动全院66名法官深入96个社区帮助调解纠纷，为百姓构建了和谐无讼的良好生活氛围。

——摘编自群众路线教育实践网·2013年12月10日

阳光司法

让老百姓们看得到每一张该看到的判决书，让阳光洒满我们的法院、检察院。

——图片来源：新华网·2014年10月22日，朱慧卿/画

健全冤假错案有效防范、及时纠正机制

　　冤假错案严重侵犯人权，不仅对受害人及其家属造成极大伤害，也严重损害司法权威、法律尊严和司法公信力。为保障无罪的人不受刑事追究，党的十八届四中全会《决定》要求从以下几个方面健全冤假错案有效防范、及时纠正机制：

　　第一，强化诉讼过程中当事人和其他诉讼参与人的知情权、陈述权、辩护辩论权、申请权、申诉权的制度保障。第二，健全落实罪刑法定、疑罪从无、非法证据排除等法律原则的法律制度。第三，完善对限制人身自由司法措施和侦查手段的司法监督，加强对刑讯逼供和非法取证的源头预防。刑事诉讼法规定了拘传、取保候审、监视居住、拘留、逮捕等限制人身自由的强制措施和讯问、勘验、检查、搜查、查封、扣押、冻结等侦查手段。这些强制措施和手段的使用都与剥夺或者限制公民的人身自由和财产权利密切相关。因此，法律规定检察机关对采取强制措施有法律监督职责。

　　为防止刑讯逼供、非法取证，应当健全制度机制，将法律规定的一系列措施落在实处：犯罪嫌疑人被拘留、逮捕后24小时必须送看守所羁押；犯罪嫌疑人被送交看守所羁押后，讯问应当在看守所讯问室进行并全程同步录音或者录像；检察机关接到报案、控告、举报或者发现侦查人员以非法方法收集证据的，应当进行调查核实。情况属实的，应当提出纠正意见；构成犯罪的，依法追究刑事责任。

政法战线的同志要肩扛公正天平、手持正义之剑，以实际行动维护社会公平正义，让人民群众切实感受到公平正义就在身边。

——习近平（摘自《人民日报》2014年1月9日01版《坚持严格执法公正司法深化改革　促进社会公平正义保障人民安居乐业》）

- -

内蒙古呼格吉勒图案

1996年4月9日，内蒙古自治区呼和浩特市一女子被掐死在公厕内，报案者呼格吉勒图在案发62天后因涉嫌强奸杀人被误判死刑。2005年，身负多起命案的嫌疑犯赵志红落网，招认自己才是呼格吉勒图案的凶手，从而引发媒体和社会对呼格吉勒图案的广泛关注。2014年12月15日，内蒙古自治区高级人民法院对呼格吉勒图一案作出再审判决，宣布呼格吉勒图无罪，并随即启动国家赔偿。

"呼格案"发生在"从重从快"严打严重刑事犯罪年代，发生在"疑罪从无"还没有真正深入人心的年代。反思这起错案，至少可以给我国司法工作带来两点启示：第一，要尊重司法规律，证据的发现和获得不会以人的意志为转移，从法律事实追溯客观事实的过程要坚持科学理性摒弃"从重从快""命案必破"式的简单思维。第二，要坚持疑罪从无理念，疑罪从无体现的是人对自身局限性的客观认识，体现的是司法理性，体现的是对生命的尊重。

——摘编自法制网·2015年1月13日

 文摘

诸拷囚不得过三度，数总不得过二百。杖罪以下不得过所犯之数。拷满不承，取保放之。若拷过三度及杖外以他法拷掠者，杖一百。杖数过者，反坐所剩。以故致死者，徒二年。

—— 摘编自《唐律疏议》

 评

纠 冤

防止冤假错案，维护公平正义。

—— 图片来源：新华网·2015年3月12日

实行办案质量终身负责制和错案责任倒查问责制

党的十八届四中全会《决定》提出建立办案质量终身负责制和错案责任倒查问责制，这是广受关注的一项制度，要根据权责对等的原则，建立一整套制度体系。

一是要建立以主审法官和合议庭为核心的审判权运行机制，除法律、司法解释另有规定外，院、庭长不再签发本人未参加审理案件的裁判文书，真正让审理者裁判、由裁判者负责。

二是要健全检察权运行机制，完善主任检察官办案责任制，主任检察官在检察长授权范围内，依法独立行使检察执法办案权并对其决定负责。建立符合法律监督职能要求的执法办案基本组织，在主任检察官负责下依法行使检察权。

三是建立办案质量终身负责制和错案责任倒查问责制，各类司法人员在各自职权范围内对案件质量终身负责。建立执法办案档案，明确错案、办案过错认定标准和问责条件。建立法官、检察官惩戒制度，在省一级设立法官、检察官惩戒委员会，负责对法官、检察官违反司法伦理行为提出惩戒意见。

四是完善监督制约机制，探索建立法院、检察院办案人员权力清单制度，强化对案件质量的内部监控和案件管理部门对执法办案流程的全面监督。建立司法机关内部人员过问案件的记录制度和责任追究制度，并依托信息化手段，对司法活动进行全程留痕、动态监控。

践 行

福建省208个人民法庭推行办案责任制

　　裁判文书由主审法官签发，责任由主审法官独立承担。2014年12月31日，福建省高级人民法院下发《关于在人民法庭推行办案责任制改革的工作意见》，规定2015年起全省208个人民法庭全面推行办案责任制改革，真正做到让审理者裁判、由裁判者负责。

　　2014年，省高院积极稳妥做好司法体制改革试点的有关准备工作，围绕4个重点专题，列出50个调研项目，在全省法院全面开展调查摸底和测算研究等工作，协商推进有关设区市法院开展司法体制改革试点的准备工作；积极推进审判责任制改革，制定出台有关意见，在人民法庭推行审判权力运行机制改革，并在省法院、各中院开展合议庭办案责任制试点工作；探索和推进裁判文书说理、庭审同步录音录像以及行政诉讼、知识产权案件、涉台案件集中管辖等机制改革；推进涉诉信访改革，推动建立健全导入、纠错、退出机制，着力把涉诉信访纳入法治轨道解决。

—— 摘编自东南网·2014年12月31日

因违法违纪被开除公职的法律职业从业者，终身禁止从事法律职业

　　我国法律对法律职业从业者违法违纪的处理是严肃的，在相应的从业资格上也有一些规定。但是关于法律职业从业人员违法违纪被开除公职或者吊销执业证书的职业资格剥夺或者禁入的规定比较零散，条件、标准不尽一致，并且没有鲜明地提出终身禁止从事法律职业的规定，导致一部分被开除公职的原法官、检察官能够以律师身份进行执业或者变相从事律师业务。为了对法律职业从业人员严格管理、严格监督，对法律职业队伍中因严重违法违纪被开除公职的司法人员、被吊销执业证书的律师和公证员，由于他们是法律职业的害群之马，他们的行为已经亵渎了神圣的法律职业，损害了法律职业的公信力，因此，必须从严惩戒，对上述人员亮出红牌，立起不可触碰的高压线。《中共中央关于全面推进依法治国若干重大问题的决定》在要求依法规范司法人员与当事人、律师、特殊关系人、中介组织的接触、交往行为，坚决惩治司法掮客行为，防止利益输送的同时，进一步规定对因违法违纪被开除公职的司法人员、吊销执业证书的律师和公证员，不仅要终身剥夺其从事法律职业的资格，而且也不得允许其实际从事法律职业如进行公民代理活动等，其行为构成犯罪的要依法追究刑事责任。

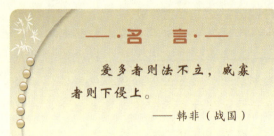

— ·名　言· —

　　爱多者则法不立，威寡者则下侵上。

——韩非（战国）

践 行

最高检：被开检察人员终身禁止从事法律职业

2015年2月16日，最高检正式印发实施《关于深化检察改革的意见（2013—2017年工作规划）》（2015年修订版），就贯彻落实中央部署、全面深化检察改革提出六大重点任务、42项具体任务。其中一条明确规定：被开除公职的检察人员终身禁止从事法律职业。

对于检察人员的哪些行为可能会被视为违法违纪，因而可能会被开除，《意见》中也作了些例举，其中包括检察人员私下接触当事人及律师、泄露或者为其打探案情、接受吃请或者收受其财物、为律师介绍代理和辩护业务等。

—— 摘编自《新京报》2015年2月16日A1版

 漫 评

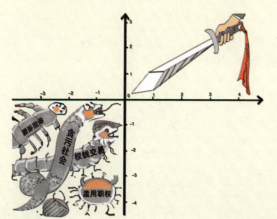

亮 剑

以"零容忍"态度查处司法腐败，对贪污受贿、权钱交易、滥用职权、失职渎职等司法人员"监守自盗"的行为必须坚决亮剑，毫不留情。

——图片来源：长江网·2014年12月12日，赵国品/画

建立生效法律文书统一上网和公开查询制度

党的十八届四中全会《决定》提出建立生效法律文书统一上网和公开查询制度，这是构建开放、动态、透明、便民的阳光司法机制的一项重要举措。任何权力都需要监督，司法权作为公权力的一种，同样不能例外。司法公开，是加强对司法权力制约监督、提升司法公信力的重要形式，也是最为有效的方式之一。依法及时公开执法司法依据、程序、流程、结果和生效法律文书，杜绝暗箱操作，运用信息化手段，全面推行办案工作全程录音录像、生效裁判文书上网、在线诉讼服务公布平台等工作，有效提高司法透明度，保障社会各界的知情权、参与权、监督权。揭开判案的神秘面纱，这是把公众监督和舆论监督引入司法过程，让司法可以经得起悠悠众口，防止暗箱操作，保证公正司法，提高司法公信力。

 践 行

- -

福建法院打造"阳光司法"

网络庭审直播、裁判文书上网、法院微博微信上线……近年来，福建省法院司法公开的步履更加坚定。从立案、庭审、执行、听证、文书、审务等入手，全省法院大力推进司法公开，多措并举打造阳光司法。截至2014年1月，全省共有8家法院被最高人民法院确定为"全国司法公开示范法院"。

针对不同群体、不同主题组织专场"法院开放日"活动，是省高院司法公开的一项特色。开放日活动结束后，省高院会邀请与会公众填写一张意见表并投放到院长信箱，以便其将公众意见建议作为改进工作的一面镜子。2013年，全省法院共举办公众开放日419场次，1.6万名群众走进法院。零距离接触，让公平正义以更加透明的方式来实现。

"12368司法信息公益服务系统"是福建法院设立的对外服务窗口与资讯信息平台。当事人和社会公众只要拨打"12368"热线，根据语音导航，就可轻松地查询诉讼指南、审判流程、庭审程序、信访指南、文书样式等公共信息服务；各类案件的诉讼参与人还可通过系统方便快捷地查询案件审判执行进展情况、开庭公告等实时动态，真正做到"足不出户"了解司法信息。截至2014年1月，全省法院"12368"语音平台短信更新91万次，发送语音提示信息37万多条。

以公开为原则，以不公开为例外。为最大限度地保证司法信息公开，2013年9月30日，省高院开通了集司法公开、司法服务、司法宣传三项基本功能为一体的政务平台，当事人可通过手机、平板电脑轻松预约诉讼档案查询、在线旁听庭审、查询失信被执行人名单。

把微博建设成推进司法公开、提升司法公信的重要阵地，这是福建法院司法公开工作又一大亮点。2013年堪称福建法院的"微博元年"，全省各级法院纷纷上网织起了"围脖"。有了实时互动的官方微博，老百姓想要了解关注的案件和司法信息就有了更加方便快捷的新渠道。

——摘编自东南网·2014年1月3日

完善人民陪审员制度

长期以来，我国的人民陪审员制度发挥了积极作用，但仍存在不少薄弱环节，需要进一步完善。十八届四中全会提出了以下完善措施：

一是"扩大参审范围"。要体现人民参与监督司法，必须扩大社会公众参与陪审的范围，增加陪审员数量。对知识产权、医疗事故等专业性较强的案件，探索建立专家陪审员库，进一步提高人民陪审员的代表性、广泛性和群众性，让更多的基层群众能够参与陪审工作，使人民陪审员队伍成为具有广泛群众基础、积极推动法治中国建设的有生力量。

二是"完善随机抽选方式"。对参与案件陪审的人民陪审员采取随机抽选，而不是以事先指定方式确定，保证公正司法。

三是"逐步实行人民陪审员不再审理法律适用问题，只参与审理事实认定问题"。充分发挥人民陪审员社会阅历丰富、了解乡规民约、熟知社情民意的独特作用，以朴素的社会常识和大众思维弥补职业法官的专业思维，同时又克服了人民陪审员在陪审工作中不愿、不会、不敢发表意见，"陪而不审、审而不议"的现象。

践 行

福建高院积极开展人民陪审员工作

近年来，福建省高级人民法院大力加强和改进人民陪审员工作，进一步拓展司法民主，促进司法公正，取得了显著成效。

2005年4月12日，伴随着《全国人大常委会关于完善人民陪审员制度的决定》的出台，龙岩市中院积极响应号召，率先在全省法院系统对155名拟任人民陪审员进行业务培训，同时拉开了福建省法院系统对人民陪审员进行业务培训的序幕。2011年3月，省高院颁布实施《福建省法院人民陪审员管理实施细则（试行）》。

2014年，根据最高人民法院部署，省高院加强人民陪审员工作，落实并完成人民陪审员"倍增计划"。截至2015年1月，全省共有人民陪审员6424名，是增选前的2.1倍，是基层法官人数的1.4倍，实现了全省每个乡镇街道的全覆盖。

今后，省高院将进一步扩大陪审案件范围，加大省高院、中级法院一审案件陪审力度；进一步健全人民陪审员管理、使用和监督制约等工作制度建设，改进人民陪审员选人制度；进一步完善考核办法，建立考核档案、激励和惩戒制度，完善进入和退出机制；进一步增强人民陪审员的责任感和事业心，自觉规范陪审行为，为维护司法公正、保障司法民主、实现公平正义积极贡献智慧和力量。

——摘编自《法制日报》2015年1月10日第3版

完善人民监督员制度

　　检察机关是国家的法律监督机关，但是监督者更要接受监督。引入外部监督力量对检察权行使的重要环节开展硬性监督的制度就是人民监督员制度。党的十八届四中全会《决定》提出完善人民监督员制度，主要是从以下几个方面：

　　一是进一步改进人民监督员选任方式。由目前上一级人民检察院选任改为由省、市两级司法行政机关负责人民监督员的选任管理和初任培训。司法行政机关建立人民监督员库，检察机关采取随机抽取的方式选任。解决自己选人监督自己的质疑，进一步增强人民监督员选任工作的公信度。二是扩大人民监督员的监督范围。三是完善监督案件程序。进一步明确参与监督具体案件的确定程序，完善案件材料提供和案情介绍程序，增设复议程序。四是完善人民监督员知情权保障制度。探索建立人民监督员监督事项告知制度、人民监督员参与案件跟踪回访和执法检查制度。

　　要以踏石留印、抓铁有痕的劲头抓下去，善始善终、善做善成，防止虎头蛇尾，让全党全体人民来监督，让人民群众不断看到实实在在的成效和变化。

　　——习近平（摘自《人民日报》2013年1月23日01版《更加科学有效地防治腐败　坚定不移把反腐倡廉建设引向深入》）

践 行

福建省检察院121名人民监督员履职

　　2015年7月2日，福建省人民检察院、省司法厅联合举行人民监督员颁证仪式暨初任培训开班式，121名由省司法厅选聘担任福建省检察院人民监督员的各界人士开始正式履行人民监督员职能。据了解，福建是全国人民监督员选任管理方式改革试点工作的10个试点省份之一，目前全省人民监督员选任工作基本完成，共有495人受聘担任全省各级检察机关人民监督员，这标志着福建省司法体制改革迈出了新的重要步伐。

——摘编自福建省人民检察院网·2015年7月3日

六·全民守法

法律的权威源自于人民的内心拥护和真诚信仰

法律的权威首先取决于法律是否科学合理。人民群众是社会的主体，法律是为人民服务的，法律意志最终是人民意志的集中体现。取得人民对法律的内心拥护和真诚信仰，就要求法律必须反映人民利益，反映人民意愿，反映人民诉求，反映人民意志。做不到这些，法律就不会得到人民的内心拥护和真诚信仰，法律就不会具有权威。

人民群众对法律的内心拥护和真诚信仰，是保障法律有效实施和发挥作用的重要力量。法律的权威还取决于法律能否真正得到有效实施，能否真正发挥作用。法律的生命力在于实施。任何法律，如果得不到有效实施、不能真正发生作用，必然不会成为有权威的法律。而法律要真正有效实施和发生作用，首先全社会要信仰法律。我们必须严格执法和公正司法，切实维护社会公平正义，真正让人民群众体会到法律对他们有用，法律能够真正维护他们的权益，使他们从内心拥护和真诚信仰法律，从根本上树立法律的权威。

只有保证公民在法律面前一律平等，尊重和保障人权，保证人民依法享有广泛的权利和自由，宪法才能深入人心，走入人民群众，宪法实施才能真正成为全体人民的自觉行动。

—— 习近平（摘自《人民日报》2012年12月5日02版
《在首都各界纪念现行宪法公布施行30周年大会上的讲话》）

 **文摘**

人民权益要靠法律保障，法律权威要靠人民维护。信仰法律，这是确保法律全面正确实施的认识基础，是建设法治国家的思想基础。法学家伯尔曼在《法律与宗教》中的一句名言："法律必须被信仰，否则它将形同虚设。"卢梭说过："一切法律中最重要的法律，既不是刻在大理石上，也不是刻在铜表上，而是铭刻在公民的内心里。"只有当法律成为包括政府部门和社会公民在内整个国家的共同信仰，权力既不敢逾越法律的底线，公众亦恪守法律的规范，法治精神和法律情感才会成为法治中国的新常态。

——《让法治信仰根植人民心中》（摘编自《大众日报》2014年11月3日第8版）

指点迷津

法治教育不应只是高高在上的"听话教育"与"守法教育"，而是要引导人民如何知法用法，培养人民的法律信仰。

——图片来源：《工人日报》2015年3月10日，赵春青/画

推进法治社会建设的重要性

法治社会建设在全面推进依法治国中具有十分重要的地位和作用，全社会树立法治意识是全面推进依法治国的基础。法治意识是人们对法律发自内心的认可、崇尚、遵守和服从。如果一个社会大多数人对法律没有信任感，认为靠法律解决不了问题，那就不可能建成法治社会。因此，一定要引导全社会树立法治意识，使人们发自内心地对宪法和法律信仰与崇敬，把法律规定内化为行为准则，积极主动地遵守宪法和法律。只有这样，才能为全面推进依法治国，实现科学立法、严格执法、公正司法、全民守法奠定坚实的思想基础。

法治意识让广场舞"舞"出和谐

近年来，越来越多关于广场舞的事件进入公众视野。从宁波鄞州男子为阻止大妈跳广场舞借着酒劲砸坏音响，到北京昌平居民不满邻居跳广场舞的音乐音量太大，拿出家中的猎枪朝天鸣枪发泄，还放出饲养的三只藏獒冲散跳舞的人群，再到兰州城管为确保考生有个安静的学习环境，劝阻广场舞大叔大妈遭围攻……各地广场舞引发的冲突不断发生。从表面上看，这种冲突所引发的是公共道德的缺失和公共秩序管理的缺失，但其深层原因则是人们民主法治意识的缺失。

广场舞事件多发的城市小区中，有居民委员会、业主委员会和物业管理公司，但这些体现了民主协商精神的居民自治机构并没能充分

发挥其管理功能，加之居民解决矛盾时较差的协商意识和能力，双方矛盾的解决就不受控制地演变成了野蛮、非理性的方式。究其根源，实为公民法律意识薄弱所致。跳广场舞的大妈们没有意识到噪音扰民将可能引发治安处罚和民事索赔，受扰的居民也没有意识到自己的过激行为虽然"动机合理"却要招致法律惩罚，如鸣枪放狗的男子被法院以非法持有枪支罪，判处有期徒刑6个月。

在法治社会里，当民主、理性协商和法治理念变成一种生活方式和思维习惯时，不少冲突都会化于无形。让广场舞"舞"出和谐，需要培育和涵养民主法治的"和谐文化"，引导公民在出现邻里矛盾时，理性运用各类民主协商机制化解矛盾，依法运用法律手段维护自身权益。

——摘编自《经济日报》2014年6月25日第15版

全民守法是建设法治国家和法治社会的必然要求

全民守法是建设法治国家的基础。建设法治国家需要全社会的共同推进，需要每一个公民法治意识的增强。大力推进全民守法，将大大提升各类守法主体学法知法尊法的自觉性，调动各类守法主体用法崇法护法的主动性，推进依法治国、依法执政、依法行政和法治国家、法治政府、法治社会建设。

全民守法是维护社会稳定的要求。法是规范市场行为、调节利益关系、维护社会秩序的重要手段，法治是市场经济的基石。一个有活力的稳定社会，必然是一个全民守法的社会。

全民守法是促进社会和谐的保证。我国已经迈进中等收入国家行列，这一阶段的重要特征就是社会进入矛盾多发期，甚至社会矛盾有可能相对激化。大力推进全民守法，将有效促进民众依法维护权益、表达诉求，将促使各种社会矛盾的解决纳入法治轨道，推动形成党委领导、政府负责、社会协同、公众参与、法治保障的社会管理体制，为社会和谐稳定提供重要保证。

— ·名 言· —

以至详之法晓天下，使天下明知其所避。

——苏轼（宋）

全民守法意识的形成是一项长期的任务

从总体上讲，广大干部群众法治意识在不断提升，但思想观念的转变是一个长期的过程，不可能一蹴而就、朝夕即成。增强全民法治观念，仍然是我们面临的一项长期而艰巨的任务。

应当看到，当前群众法治观念淡薄，原因是多方面的。我国有着两千多年的封建专制历史，人治思想根深蒂固，人治文化传统源远流长，成为制约人们现代法治观念形成不可忽视的因素。加之在现实生活中，有法不依、执法不严、违法不究等现象的存在，客观上造成了"违法成本低、守法成本高"的后果，不同程度削弱了法律的权威。此外，这些年来法治宣传教育成效明显，但一些地方依然存在重形式、轻实效的问题，影响了人们法治观念的树立。

践 行

法治文化候车亭，乡村普法新阵地

随着惠安县涂寨镇瑞东法治文化广场的建成，名人名言坊、法治文化墙、法治健身园等群众法治文化生活配套设施的日趋完善，该村在法治文化建设上又增添了一道独特的风景线——新型法治文化候车亭的投入使用。

这座新型法治候车亭配备有LED显示屏、滚动宣传栏等宣传设施，将精心制作的普法《三字经》、平安民谣选、法治名言警句等

一些法治文化元素融入候车亭中，使得该候车点增添浓郁的法治文化气息。

瑞东村的入口，是涂寨镇一条重要的城乡交通要道，这里有通往县城及邻镇的农村客运班车，法治文化候车亭设在这里，不仅能够为农村群众出行提供较好的候车出行的暂时落脚点，也让农民群众在候车的同时遇上了"法"——群众在候车中潜移默化地接受了法治文化的熏陶，使得法治文化知识得到有效传播。

随着该村法治文化建设的逐步深入，群众的生活习惯已悄然发生转变，以前群众的赌博、酗酒、斗殴等不良风气逐渐消失，2015年以来全村无安全事故，无酒后滋事，无治安刑事案件，社会安定稳定，群众安居乐业，学法、守法、护法已然成为该村群众的生活新风尚。

——摘编自泉州市司法局网·2015年7月22日

实行"谁执法谁普法"的普法责任制

党的十八届四中全会《决定》提出国家机关"谁执法谁普法"的普法责任制，简而言之，就是属于哪个部门执行的法律，就由哪个部门负责向群众来宣传、来普及。实行国家机关"谁执法谁普法"的普法责任制度，既是针对我国普法宣传教育的实际提出来的，也是总结借鉴已有实践经验提出来的。

一般来讲，让执法者来承担普法义务，是国际国内的成功做法。执法部门及其公务人员熟悉相关领域的政策和法律，有责任、有义务将相关法律规定、法律程序等信息通过各种方式告知群众，帮助群众知晓和熟悉法律。落实好国家机关"谁执法谁普法"制度，既有利于提高执法者的责任意识，提高执法水平，降低执法成本；也有利于培养群众的法治思维，引导群众以法治方式解决矛盾和问题，更好地推进法治建设。

 先锋模范

- -

林晓莉：漫漫普法路 步步显忠诚

荣获"福建首届十大法治新闻人物"荣誉称号的林晓莉，现任莆田市公安局法制处副处长。从警14年来，她坚持用自己的所学所知教育并感染着身边的同事和周围的群众，因为她深知"法治的实现，需要人们对于法的尊崇，这种尊崇不仅来自于执法者、来自于普通民众，更需要从娃娃开始培养"。

"债务人当着债权人的面抢走欠条并将其吃掉要怎么定性，两家人因为邻里纠纷打起来没有证人如何处理"等这些执法过程中遇到的

形形色色的问题，经常会汇集到她那里。对民警的任何问题，她都会耐心地从法律角度提出自己的意见和建议。她常说，一个民警执法规范了，群众对公安机关的执法就多了一份信心。

　　林晓莉是莆田市依法治市讲师团和"六五"普法讲师团成员。每当各大、中、小学校有上法制课的需求的时候，她哪怕工作再忙，也会欣然应允。在第一次为学生上课时，她意识到了和孩子们沟通是需要一些方法的。从此，她开始潜心钻研、摸索和实践未成年人法制教育的方法，她的女儿上小学后就成了她实践的好对象，每次为学生上课前，她都要把讲课的内容先讲一遍给女儿听，哪里没听懂，哪里就再改。就这样，她用最简单但形象、生动的语言把法律知识送进了一批又一批学生的心里。特别是跟学生课后的交流，都会让她感到责任和收获，因为她不仅得到了孩子们的信任，还看到孩子们对法律知识的渴望与需求。

　　在14年的公安法制工作中，林晓莉始终心系普法工作。她用自己的专业知识奉献在普法一线；她以愚公移山的精神和斗志，谱写了一曲普法宣传的先锋之歌。2010年，她主笔了《农村治安法律小帮手》一书，重点加强对农民群体的法制宣传教育，从农村生活中实际可能遇到的法律问题出发，以农村真实案例的介绍和分析为主，把普法宣传的触角延伸到广大农村地区。此外，她更是公安法制战线上的一名"尖兵"，经她把关或组织研究的案件保持零败诉记录，对于群众的法律咨询，她总是热情相迎、认真解答，保持零投诉记录。

——摘编自福建省莆田市公安局官方微博·2015年7月23日

弘扬社会主义法治精神，建设社会主义法治文化

弘扬社会主义法治精神和建设社会主义法治文化，是中国特色社会主义法治建设的重要命题，对全面推进依法治国、建设社会主义法治国家具有基础性作用。从一般意义上讲，精神和文化是支配人们日常行为的内在力量。任何东西，一旦升华为精神和文化，就会深深熔铸在人们的脑海里，牢牢扎根于人们的心灵中，自觉体现在人们的行为上，就会成为约束人们行为的不可逾越的观念和准则，成为支配人们行为的强大的内在力量；人们就会自觉地按照其内涵要求规范自己的行为，自觉地按照其内涵要求行事。同样，法治一旦升华为法治精神和法治文化，就会成为支配全社会成员法治行为的强大力量，就会成为全社会成员自觉按照法律的要求规范自己行为、自觉按法律行事的刚性约束。有了这样的法治精神和法治文化，法治社会建设就有了十分坚实的基础，就能够形成完善的法治社会。从这个意义上讲，法治的生命不在于立法，而在于把法治精神、法治思维、法治观念熔铸到人们的头脑之中，体现在人们的日常行为之中。

 践 行

厦门同安举办2015苏颂文化节

2015年6月14日，以"遵法为民、廉静自守"为主题的2015苏颂文化节在我国古代杰出的科学家、政治家苏颂的故乡厦门市同安区拉

遵法为民　廉静自守

2015厦门同安苏颂文化节

开帷幕。作为此次文化节的重要内容，第三届海峡苏氏文化论坛暨苏颂法制思想及家风家训研讨会于开幕式当天同步举行。

同安有着"海滨邹鲁之地、声名文物之邦"美誉。苏颂就诞生于同安城关芦山堂，为官历经五朝，长达56年之久，官至刑部尚书、吏部尚书，宋哲宗时拜相。苏颂为官时，正值宋朝危机四伏的年代，面对复杂的社会现实，苏颂不仅"惠于爱民"，而且励精图治，致力改革，提出并实践了一系列法律主张。

近几年，同安区大力发扬苏颂文化，使苏颂的影响在海内外广为传播。此次苏颂文化节期间，同安区将举办法制思想研讨会、法制思想夏令营、法律援助进社区等系列活动；同时，将依托新媒体平台，推出《公共法律服务的同安实践》大型系列专题报道。

"苏颂研究是一座挖不完的富矿！"中国科技馆原馆长王渝生表示，苏颂的成就涉及科技、法制、文学等众多方面，而目前学界对于苏颂的研究远远没有到头，此次文化节以苏颂法制思想及苏氏家风家训为主题，充分体现了苏颂研究对当前弘扬法治精神、促进法治文化建设和廉政建设的重大现实意义。

——摘编自人民网福建频道·2015年6月14日

形成守法光荣、违法可耻的社会氛围

形成守法光荣、违法可耻的社会氛围，需要多个方面共同推进。

第一，用严格执法和公正司法引领守法光荣、违法可耻社会氛围的形成。一个错案的负面影响足以摧毁99个公正裁判积累起来的良好形象，损害的不仅仅是人民群众的合法权益，更是法律的尊严和权威，是他们对社会公平正义的信心。所以，必须用严格执法、公正司法树立法律权威和增强人民群众对法治的信任。

第二，建设法治社会，形成守法光荣、违法可耻的社会氛围，领导干部带头守法是关键。领导干部必须以身作则，严格信法尊法守法，决不能以言代法、以权压法、徇私枉法，要以上率下，为广大群众做好榜样。

第三，用加强法治宣传教育引导守法光荣、违法可耻社会氛围的形成。人民群众知晓法律和使用法律，法律才有活性。

第四，用提高违法成本推动守法光荣、违法可耻社会氛围的形成。完善守法诚信褒奖机制和违法失信行为惩戒机制，让违法付出必须要付出的代价，甚至是几倍、十几倍、几十倍的代价，在整个社会真正确立守法者得实惠、违法者付代价的正确导向和价值规则，形成全社会敬畏法律、不敢违法的法治环境。

践 行

思明区法院全国首创微信曝光老赖

嘿，"厦门市思明区法院"微信公众平台正式上线啦！

在微信公众号朵朵开的今天，移动终端上的绿色头像并不稀罕，可威仪庄严的法院"搬"来这里，还是让人禁不住好奇。"厦门市思明区法院"是厦门市两级法院正式上线的首个微信公众平台，和它一同面世的，还有三项全国首创功能——微信曝光失信人名单、开通"随手拍"为群众提供执行线索通道、建立投诉平台为群众打造移动监督站。

扫一扫二维码，添加"厦门市思明区法院"微信公众号。

查询"老赖"信息步骤

——摘编自东南网·2014年5月6日

把法治教育纳入国民教育体系

党的十八届四中全会提出，推动全社会树立法治意识，深入开展法治宣传教育，把法治教育纳入国民教育体系和精神文明创建内容。"法治"是社会主义核心价值观的重要内容之一，这是继《关于培育和践行社会主义核心价值观的意见》提出"把培育和践行社会主义核心价值观融入国民教育全过程"后，首次明确将法治教育"纳入"国民教育体系。由"融入"发展为"纳入"，不仅突显了"法治"在社会主义核心价值观中核心地位，也更加表明了党中央推进依法治国的坚强决心。

把法治教育纳入国民教育体系，实质也是要把法治变为国民的一种生活方式。把法治教育纳入国民教育体系，一是开展全民性普法教育，接受法治教育既是每一个国民应享有的教育权利，也是每一个国民应自觉履行的教育义务；二是开展终生法治教育，普法教育贯穿于基础教育、高等教育、职业技术教育、成人教育等教育的不同阶段、不同类型的教育中；三是开展全方位法治教育，让法治教育全面涵盖各地区、各民族，各个产业、行业、专业领域，各种职业、职业群。

 ## 践 行

- -

鼓楼区举办"模拟法庭进校园"活动

为进一步加强青少年法治教育，拓展法治宣教的新思路，在青少年中广泛普及法律知识，切实增强青少年法治意识，引导青少年知

167

法、守法、用法，有效预防和减少青少年违法犯罪，为青少年健康成长营造良好的法治氛围。2015年9月26日下午，鼓楼区人民法院、鼓楼区司法局、鼓楼区教育局、鼓楼区关工委与鼓楼区第一中心小学联合举办"模拟法庭进校园"活动。

本次模拟法庭活动以"构建社会主义和谐社会 深入开展校园法治教育"为主题，模拟了一起未成年人故意伤害案件的庭审全过程。鼓一小甄选了一批高年级的学生分别担任审判长、审判员、书记员、公诉人和被告人等庭审中的各个角色。此次活动庭审气氛控制得当，庭审过程紧凑有节，各组角色表现到位，恰当的将法庭审判各项程序及庄严的氛围演绎出来。参与角色扮演及现场观摩的学生们表示，通过与庭审现场零距离的"亲密接触"，更深刻地体会到法律的严肃性，认识到学法用法的重要性，法律意识得到了增强。

——材料来源：福州市鼓楼区司法局

发挥人民团体和社会组织在法治社会建设中的积极作用

发挥社会组织在法治社会建设中的积极作用，要着力突出以下几个方面。一是明确发挥作用的基本领域。社会组织在参与法治社会建设中，把参与社会事务、维护公共利益、救助困难群众、帮教特殊人群、预防违法犯罪作为工作重点，充分利用自身的优势和特点，积极发挥好重要作用。二是建立健全发挥作用的机制和制度化渠道。把社会组织纳入法治社会建设的工作体系，制定推动社会组织健康发展和有效发挥作用的支持政策，采取政府委托经营、政府购买服务、政府补贴服务等措施扶持社会组织发展，尊重社会组织的法人主体地位，完善社会组织诚信自律机制，强化社会组织的社会责任，赋予社会组织必要的社会职能和活动参与空间，为社会组织发育成长和发挥作用营造良好环境。三是发挥好行业协会商会类社会组织行业自律和专业服务功能。把行业自律和专业服务作为核心功能，大力发展行业协会商会类社会组织，充分发挥其推进法治社会建设的作用。四是发挥好社会组织对其成员的行为导引、规则约束、权益维护作用。通过完善内部治理结构、内部管理章程、活动运行监管等，充分发挥社会组织服务其成员的作用。五是加强在华境外非政府组织管理，引导和监督其依法开展活动。

协商民主是我国社会主义民主政治的特有形式和独特优势，是党的群众路线在政治领域的重要体现。

——习近平（摘自新华网2013年11月16日《习近平：关于〈中共中央关于全面深化改革若干重大问题的决定〉的说明》）

践 行

普法小戏唱平安

　　仙游县综治工作协会围绕民众的法律需求，于2005年组建一支平安建设说唱队，配合县委政法委、县综治办进行平安建设和法治宣传教育，采用快板唱、对口词、三句半、莆仙戏曲表演唱等说唱形式，内容丰富多彩、台词耳熟能详、朗朗上口，用平安文化占领农村文化阵地。

　　多年来，仙游县综治工作协会大胆尝试，借助莆仙戏这个古老的剧种，搭载现代综治平安小戏，让古色古香的莆仙戏唱响"平安仙游"建设的主旋律。坚持综治平安小戏服务仙游经济社会发展、服务人民群众求知求趣、服务精神文明建设，积极配合各行各业开展"以情感人，以法律人，以德育人"等宣传专题，大力弘扬社会公德、职业道德、家庭美德、孝亲敬老、诚实守信等平安文化。每一个综治平安小戏都包含一个普法教育故事，所演的平安小戏均是群众身边的事，百姓生活中的事。如《中秋团圆节》反映敬老孝亲，宣传未成年人保护法；《悔悟之路》劝导观众遵守交通规则，礼让有序；《赔包菜》反映农村生活，依法上访；《警徽颂》反映公安机关公正执法，生动演绎了平安和谐生活点滴。观众在寓教于乐、寓情于理的演出中读懂政策法律、明辨是非，成为了广大人民群众接受普法教育的一道"文化大餐"，为"平安仙游"建设作出了贡献。

——材料来源：仙游县政法委

以道德滋养法治精神

在道德教育中突出法治内涵。道德教化，就是教人求真、劝人向善、促人尚美的过程，也是培育法治精神的重要渠道。要深入实施公民道德建设工程，加强社会公德、职业道德、家庭美德、个人品德建设。在这个过程中，特别要针对我国人情积习厚重、规则意识淡薄的情况，注重培育规则意识，倡导契约精神，弘扬公序良俗，引导人们自觉履行法定义务、社会责任、家庭责任。

在文化传承中涵养法治精神。几千年悠久厚重的中华文化，包含着丰富的道德资源，也包含着丰富的法制思想，是今天我们涵养法治精神的重要源泉。应大力弘扬中华优秀传统文化，深入挖掘其蕴含的"以法为本""缘法而治""刑无等级""法不阿贵"等思想精华，并做好创造性转化和创新性发展，使其在新的时代条件下发扬光大。

在文明创建中促进法治实践。道德重在践行，法治也重在践行。最好的道德和法治教育，是在日常生活中、在具体实践中，感受道德和法治的力量，树立崇德尚法的思想。要把法治文化活动纳入群众性精神文明创建中，广泛开展以法律援助、普法宣讲等为主题的志愿服务，让人们在丰富多彩的活动中受到法治熏陶、增强法治意识。引导人们积极参与乡村、社区、企业等基层依法治理，积极参与公共管理，依法维护自身权益，让法治的种子在人们心里落地生根，在全社会开花结果。

先锋模范

"道德模范 法治先锋"——陈智辉

现任宁德市寿宁县公安局坑底派出所所长的陈智辉，将满腔真情投入基层警务工作。先后荣立个人三等功2次，受到市、县公安机关嘉奖7次，连续多年被评为优秀公务员。2013年陈智辉被授予"全省公安机关学雷锋活动成绩突出先进个人"和全省"最美身边普法人"称号；2014年10月被公安部授予"全国公安机关爱民模范"称号；2015年1月被公安部授予"全国公安系统二级英雄模范"称号；2015年7月，陈智辉光荣当选为福建省首届十大法治新闻人物。

在寿宁，说到陈智辉，当地公安干警、群众都对他敬佩不已，概括起来就是一句话，这是一名舍"小家"顾"大家"的好警察。

陈智辉罹患乳癌的母亲与肺癌晚期的父亲在七年里相继离世。在双亲最需要他陪伴照顾的时候，陈智辉为了乡里的百姓能在第一时间得到法律援助，及配合县公安局专项行动的顺利开展，毅然决然留守工作岗位，对双亲深感愧疚与心痛。

陈智辉服务的坑底乡位于寿宁西北部，地处闽浙边界，平均海拔918米，是个典型的山区乡镇。初来时，简陋的办公条件、艰苦的工作环境，并未让他退缩。他主动带领民警走遍辖区20个行政村、53个自然村，以"警民恳谈会"的方式和村干部及群众代表进行座谈，利用警务预约办理的方式关注民生。在广泛听取群众的建议、批评、意见和诉求，结合坑底乡的实际情况后，在全省公安机关首创了"背包式移动警务"模式，将警务工作平台延伸至各村庄，将服务送到群众家门口，同时也加大气力进行辖区群众及校园的普法宣传工作，取得了良好的工作成效。该项警务服务受到国家、省、市、县各级媒体高度关注和辖区群众的广泛赞誉。据统计，自开展"背包式移动警务"活动以来，坑底派出所共计办结治安案件23起、刑事案件5起、上路有效纠违190余起、分发各类传单3000余份……背包式移动警务活动赢得了干部群众的广泛好评。

　　陈智辉常说："为民办事要有心平气和、和蔼可亲的耐心，执勤当中要有举止文明、尊老爱幼的用心。"他十分关心辖区在校生困难户及刑事劳改人员家属生活，经常走访这些在校生特困户及部分刑事劳改人员家属住处。每逢年节，他还会提着大包小包的礼品去看望这些困难户及帮扶对象。他常说："判刑劳改不是目的，改善心灵才是和谐；贫穷并不可怕，最怕的就是穷人家的孩子上不起学。"几年来，通过他的走访帮扶，一些服刑人员在狱中安心改造，一些家庭困难学生继续在校读书。

　　十年如一日，立足本职，陈智辉把满腔的热情献给了他热爱的公安事业，也以自己的实际行动和工作实效谱写了无悔的青春！

——摘编自东南网·2015年8月26日

推进覆盖城乡居民的公共法律服务体系建设

法律的专业性很强。在法治社会里，不可能每个人都成为法律专家，但要保证人民群众在遇到法律问题或者权利受到侵害时获得及时有效的法律帮助。党的十八届四中全会《决定》提出推进覆盖城乡居民的公共法律服务体系建设，需要从以下几个方面着力：

第一，健全完善公共法律服务网络。要整合律师、公证、基层法律服务、司法鉴定等法律服务资源，大力发展县域律师事务所和公证处，规范发展基层法律服务所，适应群众诉讼需求设立司法鉴定机构，普遍建立县域法律服务中心和乡、村法律服务站点，方便群众及时就近获得法律帮助。将公共法律服务纳入政府公共服务体系，纳入政府购买服务项目，为公共法律服务体系建设提供保障。

第二，切实解决基层和欠发达地区法律服务资源不足问题。进一步完善政策扶持措施，建立激励法律服务人才跨区域流动机制，鼓励引导律师等法律职业人才到中西部和基层执业，巩固解决无律师县的工作成果，逐步解决基层和欠发达地区法律服务资源不足问题。

第三，大力发展法律援助事业。法律援助体现了法律面前人人平等的宪法原则，是社会文明进步的重要标志。要进一步落实法律援助政府责任，纳入同级政府财政预算。降低法律援助门槛，扩大援助范围，大力发展法律援助工作者队伍。

 文摘

人民权益靠法律保障，法律的权威源自人民的真诚信仰。然而在现实生活中，因法律资源分布不均而导致的"找律师难"、因法律服务渠道不完善而造成的"诉讼难"、因法律援助体系不到位而形成的"赔偿难"等问题依然普遍存在。

2014年2月，司法部印发《关于推进公共法律服务体系建设的意见》，就健全公共法律服务网络，拓展公共法律服务领域、整合公共法律服务资源等问题作出部署。构建"半小时"法律服务圈、建设乡镇法庭、推行乡村法律顾问制度……四中全会为各地正在积极探索的法律公共服务实践树立了方向。

"四中全会公报提出了推进公共法律服务体系建设的两个关键点：一是要扩大覆盖面，二是要强化公共法律服务。"中国社科院法学研究所研究员周汉华说。改革开放至今，我国的公共法律服务覆盖范围从仅限于请不起律师的犯罪嫌疑人，扩展到如今需要法律服务的低收入人群。而随着国家财力的不断增强，让法律服务惠及更广大的人民群众，也成为法治中国的题中之意。

——摘编自《福建日报》2014年10月28日第7版

健全社会矛盾预防化解机制

法治社会建设应致力于从源头上减少矛盾纠纷。突出以下重点：

一是完善调解、仲裁、行政裁决、行政复议、诉讼等有机衔接、相互协调的多元化纠纷解决机制，让纠纷解决机制覆盖社会各个领域和各个环节。

二是加强行业性、专业性人民调解组织建设，完善人民调解、行政调解、司法调解联动工作体系。通过联席会议、信息共享、情况通报等多种形式完善联动工作体系，实现各类调解主体有效互动，形成调解工作合力。

三是完善仲裁制度，提高仲裁公信力。以提高公信力为核心，优化仲裁机构设置和人员组成，加强仲裁员素质建设，增强仲裁工作自主性，提升仲裁公正性和效率，增强群众对仲裁的信任，充分发挥仲裁解决纠纷作用。

四是健全行政裁决制度，充分发挥行政裁决在化解民事纠纷特别是同行政管理活动密切相关的民事纠纷方面的重要作用。

 践 行

福建省首个电视调解节目开播

2014年5月3日，福建省首个电视调解节目——《调解有一套》在福建电视台综合频道开播。节目内容主要围绕当前城乡基层发生的各类民事纠纷，采用人民调解员和栏目记者共同参与、真实跟踪拍摄

的方式，现场展示调解员与矛盾纠纷双方面对面定纷止争的过程。同时，请法律专业人员对调解案例进行评点和解读。

——摘编自《福建日报》2014年5月5日第5版

 漫评

解铃人

冤家宜解不宜结，通过社会调解机制的建立与完善，协调群众利益，最大限度地把矛盾解决在基层、解决在萌芽状态，防止矛盾激化升级。

——图片来源：《京华时报》2012年6月11日A14版，谢瑶/画

七 · 队伍建设 党的领导

推进法治专门队伍正规化、专业化、职业化

推进法治专门队伍正规化、专业化、职业化，提高职业素养和专业化水平，主要从三个方面着手：

第一，完善法律职业准入制度。健全国家统一法律职业资格考试制度，建立法律职业人员统一职前培训制度，健全从政法专业毕业生中招录人才的规范便捷机制。从源头上把好法治专门队伍的素质关。

第二，探索建立法律职业从业者之间良性流动和开放的人才吸纳机制。建立从符合条件的律师、法学专家中招录立法工作者、法官、检察官制度。畅通具备条件的军队转业干部进入法治专门队伍的通道。

第三，加快建立符合职业特点的法治工作人员管理制度。法治人员分类管理，就是要区分立法、执法、司法人员，这三类人员内部要进一步区分，探索实行差别化管理模式。

要按照政治过硬、业务过硬、责任过硬、纪律过硬、作风过硬的要求，努力建设一支信念坚定、执法为民、敢于担当、清正廉洁的政法队伍。

—— 习近平（摘自《人民日报》2014年1月9日01版《坚持严格执法公正司法深化改革　促进社会公平正义保障人民安居乐业》）

践 行

福建专题培训各级政法委书记，全面推进依法治省

2015年5月11日，由福建省委党校、福建行政学院举办的福建省"学习贯彻十八届四中全会精神全面推进依法治省"专题研讨班开班。学员们观看了3月25日福建省委书记尤权在全省领导干部专题培训班上的主题报告录像。研讨班紧扣建设"21世纪海上丝绸之路"与福建发展、自由贸易试验区的法治回应、司法体制改革、党的十八大和十八届四中全会精神、习近平总书记系列重要讲话精神等热点议题，为政法委系统干部提升法治素养、提高办事能力提供切实可操作的研讨培训课程。

研讨班邀请到国家行政学院教授胡建淼，上海财经大学校长助理、博导郑少华，中央政法委政法研究所所长黄太云等11名专家教授前来授课，福建全省县（市、区）委政法委书记，设区市委政法委副书记或综治办主任参加了培训。

主办单位表示，通过学习研讨，使党委政法委系统领导干部更加全面、准确把握依法治国的目标、任务，牢固树立尊法学法守法用法意识，做尊崇法治敬畏法律、了解法律掌握法律、遵纪守法捍卫法治、厉行法治依法办事的模范。同时，学员们要进一步领会中央、省委关于加强政法工作和政法队伍建设的部署要求，明确党委政法委的职责任务和工作重点，主动适应新形势新变化，坚持以法治为引领，深化司法体制改革，深入推进平安福建、法治福建、过硬队伍建设，切实增强工作前瞻性、主动性，提高依法履行工作职责的能力和水平。

——摘编自人民网福建频道·2015年5月11日

解决基层和欠发达地区法律服务资源不足和高端人才匮乏问题

党的十八届四中全会提出逐步解决基层和欠发达地区法律服务资源不足和高端人才匮乏问题。这就要求从完善政策、改善环境入手，推动优质法律服务资源流向欠发达地区，流向基层。从律师、公证员、基层人民调解员等法律服务人员的工作环境、税收政策、社保待遇、工作经费保障、机构编制等方面，制定有利于人才流动的机制，鼓励更多法律服务人员到欠发达地区创业，到社区、到农村提供优质法律服务。

继续开展各类法律援助志愿行动等工作。认真总结经验，不断增加招募规模，扩大覆盖区域，健全长效机制和工作规范，提高服务质量。要统筹有关部门开展的无律师县及特困连片地区法律援助、同心律师团等工作，努力解决好基层和欠发达地区法律服务资源不足问题。

加大就地培养法律服务人才的工作力度。目前我国司法考试对符合条件的中西部地区和基层考生实行降低报名门槛、降低录取分数线等优惠政策，条件是这些取得法律职业资格的人员只能在当地执业。这一政策要继续坚持和完善。同时，对热心在基层为群众服务的公证员、人民调解员加大业务培训力度，并在待遇上给予倾斜。

 践 行

- -

三明市扎实做好五类人法律援助工作

三明市坚持"以人为本"的服务理念，针对农民工、残疾人、老年人、妇女、未成年人五类困难群体扎实开展各类法律援助、咨询、宣传等活动，截至2015年7月底，市法律援助中心共办结五类人法律援助案件179件，帮助211位受援人挽回经济损失1794.63万元，较好地维护了困难群体的合法权益。市法律援助中心先后获得"全国老年维权示范岗""全国维护妇女儿童权益先进集体""全省扶残助残先进集体"省级优秀"青少年维权岗""省

市法律援助中心到尤溪县八字桥宣传法律援助工作

级青年文明号""省级敬老文明号"等一系列荣誉称号。

搭建覆盖全市困难群众的工作网络，积极打造"城区半小时、农村一小时"法律援助服务圈的格局，达到由人到点，以点概面的全局式发展。在各乡镇全部建立法律援助工作站，形成了以市站为龙头的市、县、乡、村四级援助网络。同时加大与各有关部门的联络，在残联、妇联、老龄委、工会、共青团等部门分别设立法律援助中心援助站。

多渠道做好日常法律援助宣传，注重宣传实效。通过开展法律援助"四下基层"活动，利用"全国助残日""妇女维权周"开展宣传活动，通过发布和转发微博、各类媒体宣传等方式，加大宣传力度，拓宽宣传渠道，为五类人提供法律知识帮助；同时市法律援助中心积极开展多层次的业务培训，并重点培训了一批热心公益的社工和义工成为法律援助的联络员和宣传员。

开通绿色通道，优化便民措施。通过规范窗口建设、扩大法援范围、加强部门联系、坚持"马上就办、办就办好"等措施，使得法律服务更加便利和人性化。

——摘编自三明市司法局网·2015年9月15日

建立法官、检察官逐级遴选制度

　　党的十八届四中全会提出建立法官、检察官逐级遴选制度。这需要把握以下几点：一是中级以上人民法院和市级以上人民检察院不再直接从应届毕业生中招录法官、检察官，书记员、司法警察等司法辅助人员除外。二是初任法官、检察官由高级人民法院、省级人民检察院统一招录，一律在基层法院、检察院任职。在充分消化现有在编人员基础上，中级以上人民法院、人民检察院不再任命助理审判员，今后各级人民法院、人民检察院招录的法官助理符合转任法官、检察官条件的，应当经过法定选任程序，一律到基层人民法院、人民检察院任职。三是上级人民法院、人民检察院的法官、检察官，除可面向社会公开招录符合条件的律师、法学学者和其他法律工作者外，一般从下一级人民法院、人民检察院中经过一定年限职业训练的优秀法官、检察官中遴选。

遴选需"三公"

　　法官、检察官遴选应当严格遵循法定选任程序，做到公开、公平、公正。

——图片来源：荆楚网·2013年6月19日

践 行

福建启动司法体制改革试点工作

2015年9月6日，福建省司法体制改革试点工作动员部署会在福州召开，正式启动全省司法体制改革试点工作。会议提出，福建省参照上海模式，组建省级统一的法官检察官遴选（惩戒）委员会。委员会主任由资深法学专家担任，共设15名委员，其中专门委员7名，专家委员8名，并设立专家库。在省委政法委设立委员会秘书处，在省法院、省检察院分别设立办公室。成立后的遴选委员会要秉持专业精神、发挥专业优势，坚持从专业角度，确定和把握遴选标准，提出遴选建议，确保遴选工作中立、权威、专业，为深化司法改革提供有效组织保障。

——材料来源：中共福建省委政法委员会

加强律师队伍建设

律师制度是中国特色社会主义司法制度的重要组成部分。加强律师队伍建设主要从以下几个方面着手：

第一，加强律师队伍思想政治建设。牢固树立并自觉践行社会主义法治理念，增强广大律师走中国特色社会主义法治道路的自觉性和坚定性。

第二，构建社会律师、公职律师、公司律师等优势互补、结构合理的律师队伍。

第三，提高律师队伍业务素质。以提高律师服务能力为重点，加大教育培训力度，并加快培养涉外经贸和知识产权律师人才，以满足我国市场经济发展和对外开放的需要。

第四，加强律师职业道德建设。大力加强以"严格依法、恪守诚信、勤勉尽责、维护正义"为核心内容的律师职业道德建设，建立健全律师诚信执业制度，完善律师诚信执业的评价、监督机制和失信惩戒机制。

第五，完善律师执业保障机制。完善并落实法律赋予律师执业的权利，积极拓展律师业务领域，为律师服务经济社会发展搭建平台。

第六，加强律师行业党的建设，扩大党的工作覆盖面，切实发挥律师事务所党组织的政治核心作用。

践 行

福建省司法厅召开律师工作座谈会

　　2015年5月22日，福建省司法厅在福州召开律师工作座谈会，对律师行业在改革发展中遇到的困难问题和改善律师管理服务工作广泛征求意见、建议。会议强调，当前福建省律师事业面临改革和发展的重大历史机遇，各级司法行政机关、律师协会和广大律师要深入学习贯彻党的十八届三中、四中全会精神，紧紧围绕深化律师制度改革，努力工作，狠抓落实，推动福建省律师事业健康发展。

——摘编自福建省司法厅网·2015年5月27日

党内法规既是管党治党的重要依据，也是建设社会主义法治国家的有力保障

党的十八届四中全会明确指出："党内法规既是管党治党的重要依据，也是建设社会主义法治国家的有力保障。"这是对党内法规在全面推进依法治国中重要地位的准确定位，是我们党对依据党内法规管党治党与依法治国之间关系的科学把握，有利于更好建设社会主义法治国家。

第一，新形势下管党治党离不开党内法规。加强党的建设，制度更带有根本性、全局性、稳定性和长期性。

第二，形成完善的党内法规体系是全面推进依法治国总目标的重要内容。党内法规是法治思维和法治方式在党的建设方面的实际运用和具体体现。执政党的党内法规作为政党内部的约束性规定，与公共利益息息相关，对党的组织和全体党员都具有规范性和强制性，是依法治国进程中必须遵循的重要依据。

第三，党内法规是建设社会主义法治国家的有力保障。中国共产党是执政党，是领导我们事业的核心力量。办好中国的事情，关键在党、力量在党。党内法规作为建设社会主义法治国家的有力保障，必然在推进国家治理进程中发挥着特殊的引领作用。

践 行

福建完成党内法规和规范性文件集中清理工作

2014年2月和12月，福建省委先后发布了《中共福建省委关于废止和宣布失效一批党内法规和规范性文件的决定》和《中共福建省委关于再废止和宣布失效一批党内法规和规范性文件的决定》，标志着福建省党内法规和规范性文件集中清理工作全部完成。

根据两份《决定》，纳入清理范围的1022件文件中有362件因存在同党章和党的理论路线方针政策不衔接、同宪法和法律法规不一致、明显不适应现实需要、已被新规定涵盖或者替代等问题决定废止，占35.4%；284件因调整对象已消失、适用期已过、不需要继续执行等原因宣布失效，占27.8%；继续有效的376件，其中50件需适时进行修改。

通过此次集中清理，对福建省在党的领导和党的工作、思想建设、组织建设、作风建设、反腐倡廉建设、党的机关工作等方面的制度化成果进行了一次全面梳理，基本摸清了从新中国成立以来至2012年6月省委制定颁布的党内法规制度的家底，一揽子解决了福建省党内法规制度中存在的不适应、不协调、不衔接、不一致问题，对福建省贯彻落实党的十八大和十八届三中及四中全会精神、完善党内法规制定体制机制、形成完善的党内法规体系、推动党内法规制度的遵守和执行都将起到积极的促进作用。

福建省委强调，这次集中清理工作结束后，要将即时清理作为制定或者修改党内法规和规范性文件的一个必经环节，健全工作制度和工作程序，在党内法规建设过程中同步维护党内法规制度的协调统一。

——摘编自《福建日报》2014年12月22日第1版

189

健全党领导法治建设的制度和工作机制

健全党领导依法治国的制度和工作机制，需要完善党委统一领导和各方分工负责、齐抓共管的责任落实机制。

健全党领导依法治国的制度和工作机制，需要建立健全党依法领导国家政权机关的工作机制。善于使党的主张通过法定程序成为国家意志，善于使党组织推荐的人选通过法定程序成为国家政权机关的领导人员，善于通过国家政权机关实施党对国家和社会的领导，善于运用民主集中制原则维护中央权威、维护全党全国团结统一。

健全党领导依法治国的制度和工作机制，需要充分发挥党委政法委员会的作用。各级党委政法委员会要把工作着力点放在把握政治方向、协调各方职能、统筹政法工作、建设政法队伍、督促依法履职、创造公正司法环境上。

健全党领导依法治国的制度和工作机制，需要建立健全政法机关党组织向党委报告重大事项制度。对政法工作的重大部署、事关社会团结和谐的重大问题、涉及社会政治稳定的敏感案件、群众反映突出的执法司法问题等要及时向党委报告。常规性问题要定期报告，紧急突发情况要即时报告。

每个党政组织、每个领导干部必须服从和遵守宪法法律，不能把党的领导作为个人以言代法、以权压法、徇私枉法的挡箭牌。

—— 习近平（摘自《人民日报》2015年2月3日01版《领导干部要做尊法学法守法用法的模范 带动全党全国共同全面推进依法治国》）

 践 行

福建：把党的领导贯穿到法治建设实践中

2015年3月25日，福建全省领导干部"学习贯彻十八届四中全会精神全面推进依法治省"专题培训班在福建省委党校开班。省委书记尤权要求，各级领导干部要保持清醒头脑，正确认识党与法、政治与法治的关系，正确处理党规与国法的关系，旗帜鲜明地坚持中国特色社会主义法治道路，切实把党的领导贯穿到依法治国、法治福建建设实践中。

尤权强调，要紧紧抓住领导干部这个"关键少数"，充分发挥领导干部在推进全面依法治省中的模范带头作用。各级领导干部要努力做尊法学法守法用法的模范，努力提高法治素养，不断增强法治能力，真正让法治信仰深深植根于灵魂深处。各级领导干部要深刻认识全面依法治国在"四个全面"战略布局中的重大意义，更加自觉地把依法治省贯穿于经济、政治、文化、社会、生态文明建设以及党的建设各个领域，不断提升法治福建建设水平，为福建各项事业发展提供根本性、全局性、长期性的法治保障。

——摘编自《法制日报》2015年3月27日第1版

先锋模范

好法官——邹碧华

习近平总书记作出重要批示："邹碧华同志是新时期公正为民的好法官、敢于担当的好干部。他崇法尚德，践行党的宗旨、捍卫公平正义，特别是在司法改革中，敢啃硬骨头，甘当'燃灯者'，生动诠释了一名共产党员对党和人民事业的忠诚。广大党员干部特别是政法干部要以邹碧华同志为榜样，在全面深化改革、全面依法治国的征程中，坚定理想信念，坚守法治精神，忠诚敬业、锐意进取、勇于创新、乐于奉献，努力作出无愧于时代、无愧于人民、无愧于历史的业绩。"中央组织部决定，追授邹碧华同志"全国优秀共产党员"称号。

邹碧华同志生前是上海市高级人民法院党组成员、副院长。2014

年12月10日，邹碧华同志在工作中突发心脏病，经抢救无效因公殉职，年仅47岁。邹碧华同志忠诚于党，忠诚于社会主义法治事业，毕生追求"当一名有良知的法官"。他坚持司法为民、便民、利民，在上海市长宁区人民法院率先创建集电话网络、短信微信、窗口柜台服务于一体的诉讼服务平台，挂牌成立诉调对接中心，编写《群众工作接待规范》，将为民服务深度融入司法实践。他勇当司法体制改革探路先锋，在全国首创法院工作流程、案件审判、干警队伍可视化管理机制，带领研发了国内领先的法院信息化系统平台，独创的"要件审判九步法"被全国法院系统作为范本，为上海法院司法改革试点乃至全国司法体制改革作出了突出贡献。他大力弘扬法治精神，主编或撰写了10余部法律著作，发表论文40余篇，开设个人微博，参与法官培训教学，被称为法律界的"燃灯者"。他严于律己、刚正不阿，从来不办人情案、关系案、金钱案，对家人严格要求，始终保持人民法官的清廉本色。

邹碧华同志是新时期公正为民的好法官、敢于担当的好干部，是用生命践行"三严三实"要求的时代楷模。广大党员干部特别是政法干部要向邹碧华同志学习。学习他信念坚定、对党忠诚的政治品格，始终做到心中有党，把牢政治方向，强化组织意识，坚定不移走中国特色社会主义道路；学习他践行宗旨、一心为民的公仆情怀，始终做到心中有民，公正无私，努力解决群众最关心最直接最现实的利益问题；学习他敢于担当、勇于创新的进取精神，始终做到心中有责，敢啃硬骨头，乐于作奉献，认真履行对党应尽的义务和责任；学习他清正廉洁、崇法尚德的道德情操，始终做到心中有戒，守纪律讲规矩，清清白白做人，干干净净做事。

——摘编自新华网·2015年3月2日

把提升领导干部依法履职能力作为硬要求、硬标准、硬约束

　　政治路线确定之后，干部就是决定因素。习近平总书记在党的十八届四中全会第二次全体会议上强调："各级领导干部要不断提高运用法治思维和法治方式深化改革、推动发展、化解矛盾、维护稳定能力。"这是总书记根据全面推进依法治国的新形势新任务对加强各级领导干部能力建设提出的新要求，目的是全面提升领导干部的依法履职能力，确保依法治国基本方略全面实施。

　　把提升法治素养和法治能力作为硬要求，就应把提高法治素养和能力作为对党员干部特别是领导干部的一项政治要求，作为依法治国的长期性基础性工作。领导干部应自觉把熟练掌握宪法法律知识作为履职尽责的基本条件，做尊法学法守法用法的模范，带头树立和弘扬社会主义法治理念、法治精神。

　　把依法履职能力作为选贤任能的硬标准，就应强化领导干部法治意识，全面提升领导干部依法履职能力，树好"风向标"。党组织应把遵纪守法作为衡量干部德才素质的重要标准，把法治素养和法治能力作为考察识别、选拔使用干部的重要依据，尤其要把那些政治上强、熟悉法治工作、领导经验丰富、善于抓班子带队伍的人选拔到领导岗位上来。

　　领导干部要把对法治的尊崇、对法律的敬畏转化成思维方式和行为方式，做到在法治之下，而不是法治之外，更不是法治之上想问题、作决策、办事情。党纪国法不能成为"橡皮泥""稻草人"，违纪违法都要受到追究。

　　—— 习近平（摘自《人民日报》2015年2月3日01版《领导干部要做尊法学法守法用法的模范 带动全党全国共同全面推进依法治国》）

先锋模范

"法官妈妈" 詹红荔

詹红荔同志是南平市延平区人民法院党组成员、副院长、少年审判庭庭长。她从事少年审判工作多年来，始终忠诚履职，公正办案，坚持对人民司法事业的高度责任感。她所审结的500多个涉及1140多人的未成年人犯罪案件，无一发回重审、无一错案、无一投诉、无一上访，被誉为"爱民为民、情铸和谐"的好党员、好法官，先后被授予"全国优秀法官""全国模范法官"等荣誉。中央政法委于2011年发出通知，号召全国政法系统开展向詹红荔同志学习的活动。福建省委也于2011年10月31日作出《关于开展向詹红荔同志学习活动的决定》，号召全省党员干部向詹红荔同志学习。2011年11月，中宣部、中央政法委、最高人民法院和福建省委在北京人民大会堂联合举行詹红荔同志先进事迹报告会。2012年10月，以詹红荔同志先进事迹为原型电影《南平红荔》于全国各大院线上映，在观众中引发了强烈反响，引起了全社会的广泛讨论。

詹红荔，我们的"法官妈妈"，她又是如何取得这样成就的呢？

"挽救一个孩子就是挽救一个家庭，化解一个矛盾就是增添一份和谐；少年审判工作的目的，不是惩罚，是要教育帮助那些犯错的孩子醒悟，真诚悔过，重新回归社会；无论如何，法律的红线不能触碰。"詹红荔是这样说的。

这正是她所秉持的"少年审判重在引导和重塑新生"理念的最佳描述。一次次真诚的询问和了解，一次次耐心的说服和劝导，一次次顶住各方压力的奔波，詹红荔从不轻易作出判决，也从不对任何失足的孩子松手，化解了大量敏感性、苗头性的案件，挽救了无数濒临破碎的家庭，让许多当事人带着怨气而来、带着满意而归。

曾有一位陈姓少年，年仅16岁的他因小过节将另一少年捅死。詹红荔两次远赴他的老家调查，然后亲自前往看守所，对他进行心理疏导。小陈怎么也想不到，詹红荔对他的了解竟然比自己的父母还多。庭审时，他泣不成声，跪求被害人家属原谅，发誓改过自新。被害人的父母被感动了，宽恕了他。

多年的实践工作，让詹红荔探索出"爱心接力"帮教工作法和符合少年审判工作规律的"三三九不工作法"，她对重点少年犯进行档案式管理，详细记录了大量少年犯的个人信息及心理干预、矫正方法，帮助他们走出阴影、走出困境。

"母亲给了我肉体的生命，而您给了我新生的未来，您就是我的法官妈妈。" 这是一位刑满释放后的孩子给詹红荔写的信中感言。

詹红荔的事迹正表现了一位优秀共产党员所应具有的优良品质和作风，书写出了新时期人民法官践行忠诚、为民、公正、廉洁核心价值观的榜样，值得我们广大党员、干部认真地学习。

——摘编自共产党员网·2014年4月21日

依纪依法深入开展党风廉政建设和反腐败斗争

党的十八届四中全会《决定》强调：深入开展党风廉政建设和反腐败斗争，对任何腐败行为和腐败分子，必须依纪依法予以坚决惩处，决不手软。

第一，切实加强党对党风廉政建设和反腐败工作的统一领导。改革党的纪律检查体制，健全反腐败领导体制和工作机制，强化反腐败体制机制创新和制度保障。

第二，坚持运用法治思维和法治方式开展党风廉政建设和反腐败斗争。健全改进作风常态化制度，完善权力运行制约和监督体系，加强体制机制创新和制度建设。健全并严格执行依法处理、依纪审查各环节程序，完善有效发现、揭露、查处腐败问题机制。改进办案方式，加强纪检监察同司法、审计等机关协调配合，提高依纪依法惩治腐败能力。

第三，不断完善党风廉政建设和反腐败工作相关法纪规定。要坚持依法治国和依规治党相结合，更加善于使党关于反腐败的理念和主张通过法定程序成为国家意志、成为全党全国一体遵循的法律规范，完善法律法规。更加注重党纪规定同国家法律的衔接和协调，着力党纪与国法的一致性。更加重视实现党规党纪严于国家法律，做好党规党纪的立、改、废、释工作，与时俱进修改完善党风廉政法规制度，各级党组织和广大党员干部自觉遵守党的纪律、模范遵守法律。

史 话

正气廉村 明月薛公

廉村原称"石矶津"，位于福建省福安市溪潭镇，是中国历史上第一个以"廉"为名的村子，村名源于"开闽第一进士"薛令之"正气为官、清廉为民"的事迹。

唐朝人薛令之，字君珍，号明月先生，少时家贫，天资聪颖，曾在灵岩山腰筑草堂苦读，后北上长安应试得中，官至太子侍讲。

开元中，玄宗授他左补阙之职，与贺知章同为太子李亨侍讲。时李林甫为相，擅权误国，民怨沸腾，薛令之亦愤慨于李林甫的所作所为，待玄宗命群臣吟《屈轶草》之机，痛斥以李林甫为首的群奸；后薛令之又因题诗《自悼》描写宫苑杂草丛生之状讽喻李林甫冷落东宫，而遭唐玄宗误会排挤，遂"谢病东归"。薛公之子薛国进也遵从父命，弃官随父返乡，远离宦途争斗。

薛公父子回乡后隐居于灵谷草堂，过着穷研经书、抱瓮灌园的生活，十分清苦。玄宗听闻薛公境况窘迫，便下诏对其以长溪岁赋资助，他也只按需而取，从不多领。薛令之虽深居简出却仍心系朝堂，曾写《送陈朝散》一诗为国荐贤。

后唐肃宗即位，思及与薛公的师生情谊，感念老师正直清廉，望其再入朝堂，却闻薛公早已离世，便敕封石矶津为"廉村"，水为"廉水"，山为"廉岭"。

近年来，福安市承袭廉村优秀的廉政文化，打造"廉村廉政教育基地"，为当地注入新的廉政文化内涵和展现形式。如在冬至演出的"廉戏"，便是以廉政文化为主题，融入村规民约，涵盖移风易俗、尊老爱幼、生态文化等内容，带给群众廉文化熏陶；每个季度伊始，党员干部和群众会参加宗祠内开设的"廉政讲坛"，邀请当地文化学者主讲《福安三贤与廉村文化》《品读福安地域文化》和《趣谈福安方言》，传承乡土文化，弘扬"廉"文化精神。薛令之的清廉影响着廉村后人，为当下反贪风暴注入一股古韵清流。薛令之已然成为历代为官为民的行为榜样。

——摘编自《东南快报》·2015年1月22日A22版

诗摘

拒礼诗

况钟（明）

清风两袖朝天去，不带江南一寸棉。

惭愧士民相饯送，马前洒泪注如泉。

任满谒城隍

胡守安（明）

一官来此几经春，不愧苍天不负民。

神道有灵应识我，去时还似来时贫。

题贿金

吴讷（明）

萧萧行李向东还，要过前途最险滩。

若有赃私并土物，任他沉在碧波间。

199

提高党员干部法治思维和依法办事能力

　　法治思维是基于法治的固有特性和对法治的信念来认识事物、判断是非、解决问题的思维方式。法治方式是运用法治思维处理和解决问题的行为方式。法治思维是一种规则思维、程序思维，它以严守规则为基本要求，强调法律的底线不能逾越、法律的红线不能触碰，凡事必须在既定的程序及法定权限内运行。法治思维的核心是权利义务观念，对于党员干部而言，除了具有公民应有的权利义务观念之外，还要有法治的权力观，即权力的有限性与程序性，以及守护法律、维护宪法与法律权威的职责意识。党员干部是全面推进依法治国的重要组织者、推动者、实践者。党员干部特别是各级领导干部的法治观念如何，能不能坚持依法办事，对全社会具有重要的示范带动作用。只有牢固树立法治理念，带头遵守法律，自觉在宪法法律范围内活动，才能影响和带动全社会形成办事依法、遇事找法、解决问题用法、化解矛盾靠法的良好法治环境，才能把全面推进依法治国各项目标任务落到实处。

　　各级领导机关和领导干部要提高运用法治思维和法治方式的能力，努力以法治凝聚改革共识、规范发展行为、促进矛盾化解、保障社会和谐。

　　——习近平（摘自《人民日报》2013年2月25日01版《依法治国依法执政依法行政共同推进　法治国家法治政府法治社会一体建设》）

·名 言·

令在必信，法在必行。

—— 欧阳修（宋）

天下之事，不难于立法，而难于法之必行；不难于听言，而难于言之必效。

—— 张居正（明）

 漫评

把权力关进制度的笼子里

——图片来源：新华社，谢正军/画

发挥政策和法律的各自优势

　　在新的历史起点上全面深化改革，在重要领域和关键环节改革试点先行、投石问路方面，在涉及群体广泛、利益关系复杂、牵一发而动全身的深层次改革方面，在前沿改革的探索性实践方面，等等，都要注重发挥政策的积极作用。当改革取得的重要成果需要及时巩固，改革积累的成功经验需要普遍推广，改革理顺的利益关系趋于合理稳定需要固化定型，就要及时发挥法律的积极作用。当然，在全面深化改革过程中，政策和法律的作用范围并不是泾渭分明、截然分开的，往往是交互作用、同频共振，共同推动改革有序进行。要注重立法和改革决策相衔接，做到重大改革于法有据、立法主动适应改革和经济社会发展需要。实践证明行之有效的，要及时使之成为法律；实践条件还不成熟、需要先行先试的，要按照法定程序作出授权；对不适应改革要求的法律法规，要及时修改和废止，确保重大改革在法治轨道上进行。

 践　行

- -

福建拟对自贸试验区立法
——《中国（福建）自由贸易试验区条例（草案）》提交一审

　　2015年11月24日，《中国（福建）自由贸易试验区条例（草案）》提交本次省人大常委会会议一审。条例（草案）对自贸试验区管理体制、投资便利化、贸易便利化、金融管理与服务、综合管理等方面都做出了明确规定。

　　条例（草案）为闽台交流与合作专设一章，探索闽台产业合作新模式，主要包括促进闽台产业链深度融合，在产业扶持、科研活动、品牌建设、市场开拓等方面，支持台资企业加快发展；建立闽台通关合作机制；简化台湾地区商品进口手续；推动两岸金融合作先行先试，创新闽台金融机构合作机制；推动自贸试验区将台胞证号纳入公民统一社会信用代码管理范畴进行服务和管理；入出境政策便利化；明确平潭片区可以根据改革试点任务要求，探索实行更加开放的涉台投资贸易试验措施。

此外，条例（草案）为人才保障设置专章，其中包括：建立和完善政府宏观指导、市场有效配置、单位自主用人、人才自主择业的人才发展模式；建立人才工作协调机制；鼓励社会组织参与自贸试验区人才开发；发挥闽台合作优势，引导高端人才不断聚集；建立顾问工作制度，为自贸试验区建设提供智力支持和决策参考；建立以用人主体认可、业内认同和业绩薪酬为导向的综合人才评价机制；建立高层次人才特殊保障制度；建立人才奖励制度。

省商务厅负责人表示，自贸试验区制度框架已初步形成，各项改革试点任务取得了明显成效，为制定地方性法规提供了很好的基础和条件。通过制定条例，将自贸试验区改革创新措施予以确认和完善，既有利于明确自贸试验区的管理制度、运行机制和监管模式，也为全面推进自贸试验区工作提供了法律依据。

——摘编自《福建日报》2015年11月25日第2版

厦门东渡港 摄影：吴寿华